QING ZHUANGYUAN
YAO WENTIAN NIANPU

清状元姚文田年谱

沈文泉◎著

浙江工商大学 出版社
ZHEJIANG GONGSHANG UNIVERSITY PRESS

·杭州·

图书在版编目（CIP）数据

清状元姚文田年谱 / 沈文泉著. -- 杭州 : 浙江工商大学出版社, 2024. 11. -- ISBN 978-7-5178-6179-9

Ⅰ. K820.49

中国国家版本馆 CIP 数据核字第 2024VS6140 号

清状元姚文田年谱
QING ZHUANGYUAN YAO WENTIAN NIANPU

沈文泉 著

策划编辑	金芳萍	
责任编辑	金芳萍	
责任校对	熊静文	
封面设计	望宸文化	
封面题签	余仁杰	
责任印制	祝希茜	
出版发行	浙江工商大学出版社	
	（杭州市教工路 198 号　邮政编码 310012）	
	（E-mail：zjgsupress@163.com）	
	（网址：http://www.zjgsupress.com）	
	电话：0571-88904980，88831806（传真）	
排　　版	杭州浙信文化传播有限公司	
印　　刷	杭州高腾印务有限公司	
开　　本	710 mm×1000 mm　1/16	
印　　张	14.25	
字　　数	188 千	
版 印 次	2024 年 11 月第 1 版　2024 年 11 月第 1 次印刷	
书　　号	ISBN 978-7-5178-6179-9	
定　　价	62.00 元	

姚文田像（取自《清代学者像传》
第一集，叶衍兰辑摹，黄小泉绘）

《姚氏家乘》书影（湖州市南浔区
善琏镇和平村姚松泉提供）

《邃雅堂集》书影（吴兴郡姚氏文化
研究会会长吴建国提供）

姚文田书"濂溪遗址"碑刻（位
于今广州市越秀区药洲遗址）

《邃雅堂学古录》书影一（南京图书馆藏）

《邃雅堂学古录》书影二（南京图书馆藏）

姚文田书法条屏

姚文田出生地——今湖州市吴兴区月河街道乌盆巷（仲正强摄）

姚文田墓前的石兽。姚墓在湖州市南浔区菱湖镇杨港村罗田圩自然村，东苕溪导流港东侧（菱湖李惠民提供）

前　言

湖州人喜欢说，湖州历史上有过十六位，甚至十八位、十九位状元，但我在拙著《湖州进士名录》中考证确定的是十位，分别是宋代的贾安宅、吴潜，明代的范应期、韩敬，清代的严我斯、蔡启僔、蔡升元、王以衔、姚文田、钮福保。在这十位状元中，姚文田是官阶最高、政治影响最著、学术成就最大的一位，没有之一。

姚文田作为清朝中期著名的"学霸"、官员、学者，其生平事迹被广泛地载入《清史稿》卷三百七十四、《国朝耆献类征》卷一一〇、《续碑传集》卷八、《国朝先正事略》卷二十四、《国朝诗人征略》卷五十五和《清代学者像传》《清代七百名人传》等史籍中，名垂青史。

然而，即便是这样一位重量级的历史文化名人，至今也未见关于他的传记、年谱、研究之类的专著出版，目前所见最重要的研究成果是福建师范大学陈芳博士2004年完成的一百余页的博士论文《姚文田古音学研究》。在姚文田的家乡浙江省湖州市，学界对他的研究也是寥寥，且十分简单，相对比较完整的介绍见于2009年出版的拙著《湖州名人志》和2016年出版的《湖州进士名录》。

《湖州名人志》第294—295页对姚文田的介绍如下：

【姚文田】（1758—1827）原名加畲，字秋农，号梅漪。归安县菱湖（今属湖州南浔区）人。清大臣、学者、藏书家。性温和，通达治体，博览群书。清乾隆五十九年（1794）由举人赴召试，得第一名，授内阁中书。寻充军机章京。嘉庆四年（1799）高中状元，授翰林院修撰。嘉庆六年（1801）充福建乡试正考官，后提督广东学政。嘉庆九年（1804）充日讲起居注官。次年丁父忧。三年后任右春坊右中允，继充日讲起居注官，提督河南学政。嘉庆十八年（1813）迁国子监祭酒，入直南书房，上书千余言，陈请"轻徭减赋，整顿吏治"，迁詹事，充文渊阁直阁事。次年又疏请"急农桑，缓刑狱"，谕旨"奉行勿怠"。迁内阁学士兼礼部侍郎，教习庶吉士。嘉庆二十年（1815）擢兵部右侍郎。次年任礼部右侍郎、转户部。嘉庆二十四年（1819）提督江苏学政，充殿试读卷官。道光元年（1821）充经筵讲官。道光四年（1824）任左都御史。道光七年擢礼部尚书，十一月卒于任。谥"文僖"。系湖州历代状元中名望最著者。藏书数千卷。著有《邃雅堂集》11卷，另有《说文声系》《古音谐》《历代世系纪年编》《建元重号》《广陵事略》《学易讨原》《后汉郡国志校补》《四子义》《内经脉法》《相宅》等，主持修纂《扬州府志》。

《湖州进士名录》第 226—227 页对姚文田的介绍如下：

【姚文田】（1758—1827）原名加畲，字秋农，号梅漪。籍贯归安县。学者、藏书家。乾隆五十九年（1794）乾隆帝巡幸天津，开特科召试举子，应试得第一，授内阁中书，充军机章京。嘉庆四年（1799）登第，状元。创下科举史上连获特科、正科双第一的纪录，朝野轰动，传为科场佳话。授翰林院修撰。嘉庆六年（1801）充福建、广东乡试正考官，提督广东学政。九年充日讲起居注官。十五年任右春坊右中允，充日讲起居注官，提督河南学政。十八年迁国子监祭酒，入直南书房，迁詹事，充文渊阁直阁事。迁内阁学士兼礼部侍郎，教习庶吉士。二十年擢兵部右侍郎。次年任礼部右侍郎、转户部。二十四年提督江苏学政，充殿试读卷官。道光元年（1821）充经筵讲官。四年任左都御史。七年擢礼部尚书。谥"文僖"。系湖州历代状元中名望最著者。藏书数千卷。著述丰富，主要有《邃雅堂集》11卷和《易原》《春秋日月表》《说文声系》《说文解字考异》《说文校议》《文字偏旁举略》《相宅》《邃雅堂学古录》《邃雅堂文集》《春秋经传朔闰表》《古音谐》《历代世系纪年编》《建元重号》《广陵事略》《学易讨原》《后汉郡国志校补》《四子义》《内经脉法》等。主修《扬州府志》。〔《湖州市志·上》;《湖州名人志》;《明清进士题名碑录索引》;《中国状元殿试卷大全》;（光绪）《归安县志》卷三十一、三十四〕

由于当时掌握的资料有限甚至有误，上述两书对姚文田的介绍有错误和不完整的地方。如：姚文田其实不是菱湖人，而是湖州城内月河人氏。又如：前者在介绍姚文田的学术成就时，遗漏了重要的《说文解字考异》等；后者则将《邃雅堂文集》从诗文集《邃雅堂集》中拎出来重复介绍；两书对重要的《姚文田全集》均未提及；等等。

姚文田宗宋儒，兼汉学之长，精通文字音韵之学，于《说文》之学用力尤勤，定古韵二十六部，其中平、上、去十七部，入声九部。据缪荃孙《续碑传集》记载，姚文田的著作有：《易原》一卷、《春秋日月表》五卷、《说文声系》三十卷、《说文考异》三十卷、《古音谐》八卷、《四声易知录》四卷、《后汉郡国志校补》一卷、《广陵事略》七卷、《邃雅堂集》四卷（应为十卷）、诗二卷、赋一卷、《进御集》二卷、《四子义》一卷、《内经脉法》一卷、《疑龙撼龙经注》二卷、《相宅》一卷。①

据陈芳介绍，福建师范大学图书馆藏有《姚文田全集》一套三十四册，其中第一至八册为《邃雅堂文诗集》，第九至十四册为《邃雅堂学古录》，第十五至十八册为《广陵事略》。其他为语言文字学方面的成果，有《说文声系》二册、《四声易知录》二册、《古音谐》六册等。此外，姚文田还与严可均合著过《说文校议》一书。②

姚文田还是著名的书法家，以楷书、行书名重一时。

本谱旨在完整、准确地反映姚文田的人生及其成就、品行。

---

① 缪荃孙：《续碑传集》卷八，江楚编译书局清宣统二年（1910）刻本。
② 参见陈芳：《姚文田古音学研究》，博士学位论文，福建师范大学，2004年，第18、26页。

目 录

CONTENTS

乾隆二十三年，戊寅，公元 1758 年。一岁 …………………………………… 001

乾隆二十四年，己卯，公元 1759 年。二岁 …………………………………… 005

乾隆二十五年，庚辰，公元 1760 年。三岁 …………………………………… 006

乾隆二十六年，辛巳，公元 1761 年。四岁 …………………………………… 006

乾隆二十七年，壬午，公元 1762 年。五岁 …………………………………… 006

乾隆二十八年，癸未，公元 1763 年。六岁 …………………………………… 008

乾隆二十九年，甲申，公元 1764 年。七岁 …………………………………… 009

乾隆三十年，乙酉，公元 1765 年。八岁 ……………………………………… 009

乾隆三十一年，丙戌，公元 1766 年。九岁 …………………………………… 010

乾隆三十二年，丁亥，公元 1767 年。十岁 …………………………………… 011

乾隆三十三年，戊子，公元 1768 年。十一岁 ………………………………… 011

乾隆三十四年，己丑，公元 1769 年。十二岁 ………………………………… 011

乾隆三十五年，庚寅，公元 1770 年。十三岁 ………………………………… 012

乾隆三十六年，辛卯，公元 1771 年。十四岁 ………………………………… 013

乾隆三十七年，壬辰，公元 1772 年。十五岁 …………………… 013

乾隆三十八年，癸巳，公元 1773 年。十六岁 …………………… 013

乾隆三十九年，甲午，公元 1774 年。十七岁 …………………… 014

乾隆四十年，乙未，公元 1775 年。十八岁………………………… 014

乾隆四十一年，丙申，公元 1776 年。十九岁 …………………… 016

乾隆四十二年，丁酉，公元 1777 年。二十岁 …………………… 017

乾隆四十三年，戊戌，公元 1778 年。二十一岁 ………………… 018

乾隆四十四年，己亥，公元 1779 年。二十二岁 ………………… 021

乾隆四十五年，庚子，公元 1780 年。二十三岁 ………………… 024

乾隆四十六年，辛丑，公元 1781 年。二十四岁 ………………… 025

乾隆四十七年，壬寅，公元 1782 年。二十五岁 ………………… 026

乾隆四十八年，癸卯，公元 1783 年。二十六岁 ………………… 029

乾隆四十九年，甲辰，公元 1784 年。二十七岁 ………………… 031

乾隆五十年，乙巳，公元 1785 年。二十八岁 …………………… 033

乾隆五十一年，丙午，公元 1786 年。二十九岁 ………………… 035

乾隆五十二年，丁未，公元 1787 年。三十岁 …………………… 036

乾隆五十三年，戊申，公元 1788 年。三十一岁 ………………… 036

乾隆五十四年，己酉，公元 1789 年。三十二岁 ………………… 038

乾隆五十五年，庚戌，公元 1790 年。三十三岁 ………………… 040

乾隆五十六年，辛亥，公元 1791 年。三十四岁 ………………… 041

乾隆五十七年，壬子，公元 1792 年。三十五岁 ………………… 042

乾隆五十八年，癸丑，公元 1793 年。三十六岁 ………………… 045

乾隆五十九年，甲寅，公元 1794 年。三十七岁 ………………… 047

乾隆六十年，乙卯，公元 1795 年。三十八岁 …………………… 048

嘉庆元年，丙辰，公元 1796 年。三十九岁………………………… 049

嘉庆二年，丁巳，公元 1797 年。四十岁·····················050

嘉庆三年，戊午，公元 1798 年。四十一岁················051

嘉庆四年，己未，公元 1799 年。四十二岁················052

嘉庆五年，庚申，公元 1800 年。四十三岁················062

嘉庆六年，辛酉，公元 1801 年。四十四岁················070

嘉庆七年，壬戌，公元 1802 年。四十五岁················075

嘉庆八年，癸亥，公元 1803 年。四十六岁················079

嘉庆九年，甲子，公元 1804 年。四十七岁················081

嘉庆十年，乙丑，公元 1805 年。四十八岁················083

嘉庆十一年，丙寅，公元 1806 年。四十九岁···········086

嘉庆十二年，丁卯，公元 1807 年。五十岁···············090

嘉庆十三年，戊辰，公元 1808 年。五十一岁···········094

嘉庆十四年，己巳，公元 1809 年。五十二岁···········096

嘉庆十五年，庚午，公元 1810 年。五十三岁···········101

嘉庆十六年，辛未，公元 1811 年。五十四岁···········105

嘉庆十七年，壬申，公元 1812 年。五十五岁···········109

嘉庆十八年，癸酉，公元 1813 年。五十六岁···········114

嘉庆十九年，甲戌，公元 1814 年。五十七岁···········116

嘉庆二十年，乙亥，公元 1815 年。五十八岁···········121

嘉庆二十一年，丙子，公元 1816 年。五十九岁········123

嘉庆二十二年，丁丑，公元 1817 年。六十岁··········129

嘉庆二十三年，戊寅，公元 1818 年。六十一岁········135

嘉庆二十四年，己卯，公元 1819 年。六十二岁········141

嘉庆二十五年，庚辰，公元 1820 年。六十三岁········155

道光元年，辛巳，公元 1821 年。六十四岁··············160

道光二年，壬午，公元 1822 年。六十五岁 ············· 165

道光三年，癸未，公元 1823 年。六十六岁 ············· 168

道光四年，甲申，公元 1824 年。六十七岁 ············· 173

道光五年，乙酉，公元 1825 年。六十八岁 ············· 177

道光六年，丙戌，公元 1826 年。六十九岁 ············· 182

道光七年，丁亥，公元 1827 年。七十岁 ··············· 186

道光八年，戊子，公元 1828 年。逝世后次年 ··········· 189

附录一：姚文田传 ·································· 191

附录二：文僖公传 ·································· 195

附录三：姚文田主要著作书目 ······················ 204

附录四：姚文田部分存世书法作品一览表 ············· 207

参考文献 ··· 209

后　记 ··· 211

乾隆二十三年，戊寅，公元 1758 年。一岁

七月二十六日寅时，公生于湖州府归安县月河家中，名加奋，后改名文田，字经田，号秋农，又号梅漪。

【按一】光绪《姚氏家乘》卷七云："公生乾隆戊寅七月廿六寅时。"刘鸿翱（1778—1849）《绿野斋前后合集》卷六《姚文僖公墓志铭》亦云，公"生于乾隆二十三年七月二十六日寅时"。

【按二】公《邃雅堂集》卷三《先世隐德记》云："我姚氏望称吴兴，自三国至唐，代有闻人见于史籍，盖居此者千五百年。然年岁久远，支系莫考。八世祖封侍御公作族谱，断自所知者始，故以双桥公为始祖，初居郡城东北姚家埭。埭皆姚姓，世务农。双桥公生于明宣德时，七传至封广昌知县讳让。幼而孤，从施姓学生理，始徙城中，以贸布为生。施翁老而卒，无子，遂嗣其业，有肆在府署东约半里。肆楼仅上下二间，今尚存。"

据《姚氏家乘》卷三记载，姚文田家族可以追溯的始祖为明宣德年间（1426—1435）的金义，号双桥。第二世为金义长子伴斠，号松轩；次子伴哥，号拜轩。第三世为伴斠子

阿真，号龙池。第四世为阿真子敬，号西畴。第五世为敬长子全，号古斋；次子完，号纳斋；三子琼，号述斋；四子琪，号德斋。第六世为全长子林，号友松；次子瓒，号友竹；三子桂，号友梅。第七世为林长子荣（1508—1577），号一庵；次子让（1511—1587），字惟逊，号淳庵，从他开始家族由适溪迁居湖州城里；三子雷（1515—1596），号朴庵；四子茂，号苹庵。第八世为让子舜牧（1543—1627），字虞佐，号承庵。第九世为舜牧长子祚端（1575—1633），字正初，号世所；次子祚硕（1576—1621），字大初，号二所；三子祚敦（1577—1648），字厚初，号惟惇；四子祚慎（1578—1598），字德初，号载承；五子祚重（1580—1660），字肩初，号又庵；六子祚驯（1598—1639），字调初，号我珍。第十世为祚重长子延启（1601—1671），字季迪，号敬存；次子延著（1603—1661），字象愚，号榕似；三子延贻（1605—1664），字叔谋，号以燕。第十一世为延著长子淳熙（1624—1711），字子雍，号榆庵；次子淳政（1630—1652），字子襄，号青雷；三子淳焘（1632—1703），字子瞻，号陟山；四子淳起（1636—1693），字子云，号胥山；五子淳显（1642—1695），字子潜，号慕庵；六子淳恪（1644—1686），字子庄，号年劢。第十二世为淳恪长子德坌（1663—1683），字祖庚，号长源；次子德升（1665—1709），字柔以，号存中；三子德谦（1674—1742），字扨吉，号是山。第十三世为德升子世竑。早殇；继子世孝（1711—1759），字备三，号簣山，生父为德谦，先以其兄世信过继，但世信九岁时夭亡，乃由他过继；德谦次子世颂（1718—1761），庠名颂，字辂棠，号蓉楼，归安县学附生。第十四世为世孝长子益泳（1731—1761），字潜伯；次子益治（1733—1807），即文田父，初讳益瀋，字深仲，号达斋，归安县学增广生，娶湖州监生沈世业女为妻，另有侧室张氏，生子八、女四；三子益濂；四子益潢。

第十五世为益治长子加颖（1754—1778），字艺馨，号馥堂，归安县学增生，以胞侄晏任刑部贵州司主事，道光二年（1822）覃恩赠承德郎，如其官，博学能文，尤工制艺，著有《馥堂遗文》刊行；次子加荣（1756—1788），字实敩，号林岩，归安县学增生，年二十八以《礼》中乾隆癸卯（1783）乡试第十二名，丁未（1787）考取觉罗官学教习，候选知县，例赠文林郎，嘉庆二十五年（1820）以胞弟文田任户部左侍郎、提督江苏学政，加三级，貤赠光禄大夫；三子加畲即文田；四子加楝（1760—1833），更名文阁，字通甫，号不园，归安县监生，以子镇任广东南雄州州同、候补同知，例赠奉政大夫，葬潞村茅东港一田兜；五子加果（1762—1789），字千之，号汝日，又号兑庵，归安县学附生，以子培赏任江西建昌府同知，加一级，道光三十年（1850）恭遇覃恩诰赠朝议大夫，又以孙觐元任湖北按察使司升广东布政使司，加一级，叠遇覃恩，诰赠资政大夫；六子加榜（1775—1788），字仔传，以继子培膺任云南腾越厅经历候，赠修职郎；七子加椽（1801—1836），官名文谟，字幼泉，由供事分发安徽候补典史，以胞侄衡任江西建昌府同知，道光三十年（1850）覃恩赠奉政大夫，如其官；八子加琛（1807—1826），更名文琛，字纳甫，以侄孙觐元任内阁中书，咸丰七年（1857）覃恩貤赠文林郎。另有四个女儿，正妻所出长女适湖州城内沈元骐（字近天，廪生）；次女适双林徐玉璋〔字厚之，咸丰庚申（1860）举人，贵州兴义府知府〕。侧室所出三女适竹溪沈锡保（字建敷，江西宜春县典史）；四女适德清徐竤（字重候，安徽候补同知）。

根据公在《与秦小岘廉使书》中的叙述，姚家从第十二世即公曾祖父存中公那一代开始衰落："文田自曾大父以上，累世薄宦，家本中资。曾大父存中公以中书家居，为仇家所陷，讼兴连岁，家益败。先大父簣山公久踬场屋，以明经终。吾父自补诸生，后即遭大父变，贫不能自存，橐笔走四方。"①

公于《先世隐德记》中云："余宅西又关帝庙。"光绪《归安县志》卷十七载："关帝庙在贵泾浦贵泾桥东。"贵泾浦、贵泾桥在月河漾西北，由此可知姚家在月河一带。公曾侄孙、《姚氏家乘》编纂者姚贤俊在为刘承干1918年重刊《同岑集》所作跋文中写道："我家宏远堂基为是山园旧址，旁有郭璞井园，即景纯故宅也，有稚川烧丹处，尝镇蛟龙于此，留小池以通蜃气，时人呼之为乌盆潭，其故址犹存。"乌盆潭即今湖州月河街道乌盆巷。光绪《归安县志》卷八载："是山草堂，在乌盆巷，明李令晢别业，今废。"是山草堂即是山园，李令晢（？—1663）为崇祯十三年（1640）进士，曾任江阴知县、南明宏光礼部主事，后入史可法扬州礼贤馆，又曾参加复社，明亡后归里，居乌盆巷，与人结同岑社，辑有《同岑

---

① 姚文田：《邃雅堂集》卷之二，澄江学使者署清道光元年（1821）刻本，中国国家图书馆藏。

集》十二卷，因假手同年同乡陶铸为庄廷鑨《明史辑略》作序，案发后自承其罪，遭凌迟处死，阖家并戮于市，是山园屋遂为姚氏所有。

《邃雅堂集》卷之九《题童水部槐〈水石居图〉为思其考甫川翁而作者》一诗中，公开篇即道出了自己家的位置："我家月湖滨，地偏饶水竹。老屋三四楹，七叶守清躅。"月湖即今月河。公《赵文敏书〈曹娥碑〉砚屏歌为煦斋太宰赋》诗亦有"余家旧住魏公里"句。

是年，长兄加颖五岁，仲兄加荣三岁，老师戴震（1724—1777）三十五岁，师兄段玉裁（1713—1815）四十六岁。[1]

乾隆二十四年，己卯，公元 1759 年。二岁

十二月初十日寅时，公祖父世孝公辞世，享年四十九岁。

【按】世孝娶竹溪沈炳霱（1679—1737，字寅驭，附贡生，乾隆丙辰廷试博学鸿词）之女为妻，育四子、四女：长子益泳；次子益治；三子益濂；四子益潢；长女适波斯荡吴模（字端人）；次女适南浔张松（字香岑）；三女适湖州东门严兆荪（字林溪）；四女适竹溪沈制锦（字瑞人，号学斯）。世孝公为湖州府学增贡生，以孙文田历官内阁中书、翰林院修撰、詹事府右春坊右庶子、内阁学士、工部户部左右

---

[1] 参见陈芳：《姚文田古音学研究》，博士学位论文，福建师范大学，2004 年，第 13 页。

侍郎加三级，嘉庆元年、四年、六年、十四年、二十四年、二十五年叠遇覃恩，貤赠文林郎、儒林郎、奉政大夫，累赠光禄大夫。①

是年，公尚在襁褓中，依母而居月河家中。

乾隆二十五年，庚辰，公元 1760 年。三岁

六月廿四日戌时，大弟加棣生。②

是年，公父因家贫，被迫放弃学业，外出谋生。公依母居月河家中。公在《先妣沈宜人家传》一文中回忆称："自大父之没，家益落，吾父以食指繁，贫不能自存，遂弃诸生，橐笔走四方。"③

乾隆二十六年，辛巳，公元 1761 年。四岁

是年，继续依母生活。

乾隆二十七年，壬午，公元 1762 年。五岁

六月廿九日申时，仲弟加果生。④

是年，公《说文》学研究的重要合作者——乌程严可均诞生。

---

① 姚贤俊：《姚氏家乘》卷五，清光绪二十三年（1897）重修本。
② 《姚氏家乘》卷五。
③ 《邃雅堂集》卷之三。
④ 《姚氏家乘》卷五。

【按】拙著《湖州名人志》如此介绍严可均：严可均（1762—1843），字景文，号铁桥。乌程县骥村（今属湖州吴兴区织里镇）人。清文字学家、藏书家、书法篆刻家、钱币收藏家。少时游历各地，南达广东，北出关外。嘉庆五年（1800）举人。道光二年（1822）任浙江建德教授，寻以病告归。后潜心学术研究，对许慎《说文》尤有研究。有藏书二万余卷。嘉庆十三年起，历时二十余年，辑七百四十六卷《全上古三代秦汉三国六朝文》，为研究唐以前学术家及学术著作的重要文献。另著有《说文声类》二卷、《说文翼》十五卷、《说文校议》三十卷（与人合作）、《唐石经校文》十卷、《金石题跋》四卷、《四录堂类稿》一千二百卷、诗文集《铁桥漫稿》等。[①]

凤凰出版社影印出版的国家图书馆藏未刊稿丛书之《说文解字考异》前面的《解题》说："国图数目著录稿本《说文解字考异》二部，一部书衣题《群书引说文类》（索书号：A02104），一部则题《说文解字考异》（索书号：A02102）。据缪荃孙《清学部图书馆善本书目》言，题前名者为稿本，题《考异》者为清本。可见前者为初名，后者为定名，所指实为一书。考姚氏与严可均（1762—1843）曾合编《说文长编》（又名《类考》），其中一种为《群书引〈说文〉类》（姚衡《寒秀草堂笔记》卷一《小学述闻》、严可均《答徐星伯同年书》），知《考异》实由此而出者。故国图藏清本开卷题名于'归安姚文田辑'旁侧添入'大兴严可均同纂'七字。"严可均籍贯明确，为浙江省湖州府乌程县，此处署"大兴"，是

---

① 参见沈文泉编著：《湖州名人志》，杭州出版社2009年版，第297页。

因为他曾寄籍大兴，参加嘉庆五年（1800）庚申科顺天乡试。

乾隆二十八年，癸未，公元 1763 年。六岁

是年，公由母沈宜人亲授，随舅沈光正（字仲川，号午庭）开始接受启蒙教育。公五十九岁时所作《妻弟周三以勋寄示先公所绘〈课诗图〉，为思其母戴宜人作者，因题长句》诗[①]道："昔我六龄方受书，有父饥驱走南北。弟兄就塾四五人，诵读惟资阿母力。"当时学习的内容，当是《诗经》等。公在《读诗论》一文中说："与今之学者自入塾即读三百篇……"[②]

【按】三百篇是《诗经》的代称。《诗经》共收诗歌三百十一篇，其中六篇为笙诗，只有标题，没有内容，故实存诗三百零五篇，取其整数称"诗三百"或"三百篇"。对于当时的学习情况，公在《与秦小岘廉使书》中有如此记忆："文田兄弟六人，女弟二人。自吾父终岁客游，文田等日习经书，皆先宜人亲自指授。每旦操针黹当户坐，诸子左右环侍，各执经，口授背诵，历寒暑无废辍。"[③]公《午庭沈公墓表》云："文田母沈夫人为教谕公季女，实公之姊也。故文田始入塾，尝从公学。"[④]

---

① 《邃雅堂集》卷之九。
② 《邃雅堂集》卷之一。
③ 《邃雅堂集》卷之二。
④ 《邃雅堂集》卷之四。

约是年，有亲戚向公等兄弟提亲，遭母亲沈氏婉拒。公《先妣沈宜人家传》云："文田兄弟幼时，有亲串愿缔姻，既请于大母矣。先宜人白大母曰：'诸子也，才后不患无偶；不才，毋以困惫贻他人累，愿姑待之。'"①

【按】公大弟加棣生于乾隆二十五年（1760），公祖母沈氏卒于乾隆三十一年（1766），故提亲事当在此期间，暂系于此。

乾隆二十九年，甲申，公元 1764 年。七岁

是年，公仍由母授经书，与兄弟同学。

乾隆三十年，乙酉，公元 1765 年。八岁

约是年，沈宜人开始请闵负舟先生为孩子们授课。公《先妣沈宜人家传》云："及文田等习时文，始延宿儒闵负舟先生为之师。师夜讲常达旦，供役一老妪辄先睡，先宜人伺漏三下，具糕茗亲奉师，未尝敢就枕，师感动益尽力。文田兄弟之犹得与于士林者，以此。"②

约是年，公对从祖姚世道留下了"容止严肃，有难犯之色"的深刻印象。公为官后，根据湖州老乡、酉阳知州张兑和的叙述，撰《从祖咸阳公政绩略》一文，缅怀这位为官且有德政的先辈。

---

① 《邃雅堂集》卷之三。
② 《邃雅堂集》卷之三。

【按】据《姚氏家乘》记载，姚世道（1706—1768），字示周，归安县（今属湖州）人，清雍正七年（1729）举人，乾隆二年（1737）进士。官陕西咸阳知县，息奸讼，正钱谷之征，民德之。以事去官，民攀辕号泣，画像设祠以祀。

张兑和（？—？），字东源，号啸园（公《梓师沈公家传》作"绣园"），乌程县（今属湖州）人，乾隆元年（1736）举人。任四川渠县知县，断狱如神，民鲜冤抑。调知巴县，剔弊除奸，豪强敛迹。乾隆十七年（1752）升合州（今重庆合川区）知州，劝民力稼，培植学校，奖励生徒，州民绘像以祀。迁酉阳（今重庆酉阳土家族苗族自治县）知州，在任十年，告养归，有去思碑记。①

乾隆三十一年，丙戌，公元 1766 年。九岁

七月初五日巳时，公祖母沈氏辞世，享年五十六岁，以孙文田贵，贶赠孺人、安人、宜人，累赠一品夫人，与其夫合葬于湖州东门外张家田。②

是年，公亲睹叔父益濂公割臂和药为祖母治病，母亲朝夕侍汤药于祖母病榻之侧，对此留下深刻印象，并于晚年记入《先世隐德记》一文："又叔父讳益濂，以能画从富阳董文恭公游几三十年，后卒于从弟文昶林水驿署。平生无他，行谊可称然。大母病革时，曾割臂和药以进，余时方九龄，实遇见之。"③其《先姚沈宜人家传》亦云："又七

---

① 沈文泉编著：《湖州名人志》，杭州出版社 2009 年版，第 265 页。
② 《姚氏家乘》卷五。
③ 《邃雅堂集》卷之三。

年，大母沈宜人病卒，文田已九龄，亲见先宜人日夕侍汤药，忧悴形于颜色，既遭丧，一病几殆。"①

乾隆三十二年，丁亥，公元 1767 年。十岁

是年，公和兄弟们继续在家里接受老师的授课和母亲的督学。

乾隆三十三年，戊子，公元 1768 年。十一岁

是年，公和兄弟们仍然在家里接受老师的授课和母亲的督学。

乾隆三十四年，己丑，公元 1769 年。十二岁

是年，公和兄弟们在贫困中继续接受老师的授课和母亲的督学。公《哭前太守樊西渠邑令刘石渠两师》云："十二始就试，未解妍与媸。何意刘使君，一顾宠不遗。两兄既拔帜，余亦操戈随。"②《与秦小岘廉使书》云："后数遭岁歉，益贫困，至长日不能具一食，严寒裂肤，或皆衣葛衣。而先宜人所以督课之不稍衰，尝谓文田等曰：'吾深知若等苦，然动心忍性，他日能自立在此；士贫无行，他日放僻邪侈亦在此也。若等一日废书，则吾无望矣。'文田等熟闻训言，故虽处贫苦，尚不致废先业，后文田兄弟先后有庠序，食廪饩。"③

---

① 《邃雅堂集》卷之三。
② 《邃雅堂集》卷之七。
③ 《邃雅堂集》卷之二。

乾隆三十五年，庚寅，公元 1770 年。十三岁

是年，公应归安县童试，入县学，主要考官是同为乾隆元年（1736）恩科举人的张兑和和沈荣俊。

【按】公在《庚申科广东乡试录前序》一文中云："文田自童龄就试，摧挫蹭蹬于场屋者盖三十年。"①嘉庆庚申（1800）公四十三岁，三十年前即为十三岁。其《楫师沈公家传》云："余童子时所与校试者，文田知二人焉：曰绣园张公，曰楫师沈公。二公者，皆以乾隆改元举于乡。"②关于张公和沈公的详细介绍，详见本书第 10 页和第 93 页。

约是年，有人劝公母沈氏卖老屋以缓解家境贫困之状，遭谢绝。沈氏欲留老屋地基作为将来建坊之地，表达了对孩子们的希望和信心。

【按】公《先妣沈宜人家传》一文有如此记载："方家甚贫时，所居道南有老屋二楹。或言，鬻之尚可御穷乏。先宜人谢曰：'顷虽贫，吾诸子当有兴者，将留此为建坊地耳。'"③

---

① 《邃雅堂集》卷之二。
② 《邃雅堂集》卷之三。
③ 《邃雅堂集》卷之三。

乾隆三十六年，辛卯，公元 1771 年。十四岁

是年，公试高等，食廪饩。

【按】公《烟波钓叟图序》云："君年十六寄余家读，与余兄弟同研席，寻与余同赋采芹。明年，偕试高等，又同食廪饩。"① "赋采芹"指考中秀才入县学。公于乾隆三十五年应童子试入县学，第二年试高等，食廪饩，故系于此。

乾隆三十七年，壬辰，公元 1772 年。十五岁

是年，公开始研读《春秋》。

【按】公《春秋大事表序经序》有云："文田自束发受《春秋》，窃苦其难读。"② 束发之年指十五岁。

乾隆三十八年，癸巳，公元 1773 年。十六岁

是年，公与长兄加颖随父游学扬州。

【按】公《哭伯兄四首》有"五载扬州系梦思"句③，公二十一岁时长兄病逝，故知他们游学扬州始于是年。

---

① 《邃雅堂集》卷之二。
② 《邃雅堂集》卷之二。
③ 《邃雅堂集》卷之七。

乾隆三十九年，甲午，公元 1774 年。十七岁

是年，公作《古诗二首》，后编入《邃雅堂集》卷之七开头。

【按】《古诗二首》是公存世创作时间最早的诗。是年，公另有《杨花曲》《登法华山望太湖》《朱寿岩翁画双松歌》《咏鸡毛笔》《寄怀太原李澍秀才》《庭中手植芭蕉数本》等诗。因《邃雅堂集》卷之七下有注释"起乾隆甲午，至戊申"。知是卷诗以写作时间顺序编排。

乾隆四十年，乙未，公元 1775 年。十八岁

春，公在晟舍闵氏祠堂读书。

【按】公作有《乙未岁读书晟舍之闵氏祠堂》诗一首，描写当年的读书环境。诗曰："一池新水碧生烟，祠屋嵾嵯接野田。夜听鱼更心转寂，昼喧蛙鼓地真偏。外家旧德犹堪仰，先世遗经更自研。怜惜感叨师意厚，宵深频起为催眠。"① 诗中有"新水""蛙鼓"等词，知时在春日。另，公在"外家旧德犹堪仰"句下注释云："予高王母为闵庄懿公孙。"由此可知，公是因亲戚关系才得以到闵氏祠堂读书的。公在诗末自注云："予夜读常至漏尽，师于隔舍闻之，辄唤睡，不睡，则亲起促之。"可见其读书之用功。

---

① 《邃雅堂集》卷之七。

春夏间，公作有《哭高东井》诗一首，悼念赴京参加会试病逝的湖州武康举人高文照。①

【按】清乾隆以后，会试的时间定在三月，高文照病逝时间在考试前后，或考试时，按照当时的消息传递方式，公听闻噩耗当在一两个月以后，故系于此。

高文照，字闰中，号东井。武康（今属德清县）人。高植子，徐熊飞师。清诗人。少工诗，年甫及冠，积诗千余首，得袁枚、蒋士铨赏识。清乾隆二十七年（1762）帝南巡召试，赐缎两匹。乾隆三十年（1765）拔贡。乾隆三十六至三十八年（1771—1773）与吴兰庭一起客安徽学政朱筠幕，与洪亮吉、黄景仁等诗歌酬唱。乾隆三十九年（1774）中举。有《高东井先生诗选》《高东井先生遗诗》。辑有《韵海》八十余卷。②另据研究，高文照虽著述宏富，但传世者仅有《阆清山房集》一卷、《东井诗选》四卷、《蕙香词选》一卷。

公在此诗题下注云："名文照，武康人，乾隆甲午举人，时应礼部试，没于京师，年三十二。"拙著《湖州名人志》中高文照的生卒年误作"1738—1776"，应更正为"1744—1775"。

九月十一日戌时，季弟加榜生。③

深秋，公随父经东迁、吴江、苏州、无锡、丹徒、京口赴扬州，

---

① 《邃雅堂集》卷之七。
② 沈文泉编著：《湖州名人志》，杭州出版社 2009 年版，第 281 页。
③ 《姚氏家乘》卷五。

作《随大人之扬州途中七首》。①

【按】丹徒、京口均属今江苏省镇江市。第一首《莫宿东迁》有"风荻入残秋"句,第二首《莺脰湖》有"秋风吹远水,新涨落寒塘"和"银鱼初出网,丹橘早经霜"句,第四首《无锡》亦有"霜月枫江落,人烟许墅过。城临秋水阔,山逐客帆多"句,第七首《渡扬子江》还有"霜雁寒初警"句,知是在深秋季节。

十月二十五日,公季父姚益潢随公父游食江南时客死他乡,年仅二十五岁。公《季父伯兄合葬墓志铭》介绍说:"季父讳益潢,字成季,大父箦山府君少子也。生九岁,大父即世,吾父抚之至成立,以贫故,挈游食江南,竟客死。为人醇谨无过差。"②

乾隆四十一年,丙申,公元 1776 年。十九岁

正月十二日,公与表兄沈琳到扬州西北郊蜀冈中峰大明寺内的平山堂赏梅,返回时又拜谒了史可法的衣冠冢,后作《丙申正月十二日同沈表兄琳平山堂看梅,归谒史忠正公衣冠墓》。③

【按】平山堂始建于宋仁宗庆历八年(1048)。时任扬州知府欧阳修极为欣赏这里的清幽古朴,遂于此筑堂。坐此堂

---

① 《邃雅堂集》卷之七。
② 《邃雅堂集》卷之四。
③ 《邃雅堂集》卷之七。

上，江南诸山，历历在目，似与堂平，平山堂因而得名。平山堂是专供士大夫、文人吟诗作赋的场所。叶梦得称赞此堂壮丽为淮南第一。平山堂于元代曾一度荒废，明万历年间（1573—1620）重新修葺。清咸丰年间（1851—1861），平山堂毁于兵火，同治九年（1870）重建。

春，公于扬州送表兄沈琳去往京师，作《送沈大琳之京师》。①

【按】《送沈大琳之京师》有"瓜字洲前春水生，茱萸湾里暮潮平"句，知时在春季。

秋，公作有《秋望》《落叶》等诗。

乾隆四十二年，丁酉，公元 1777 年。二十岁

秋，公游杭州，拜谒岳坟，观钱江潮，有《岳忠武王墓》《钱塘观潮》诗二首记此游。

【按】根据此二诗在《邃雅堂集》卷之七的编排，系于此。编于此二诗前的是《哭前太守樊西渠邑令刘石渠两师》，为悼念两位恩师之作。

①《邃雅堂集》卷之七。

乾隆四十三年，戊戌，公元 1778 年。二十一岁

春，公偕友人游是山草堂居，并赋诗《是山草堂，曾大父旧筑也，戊戌春日偕友人过此留饮即事》^①记之。

秋初，公随父为祖父在避村（今属湖州市吴兴区妙西镇后沈埠村）营造墓地，作有诗《秋宿避村山庄》《避村山庄题壁》^②诗二首，其间听说了村民对祖父生前德行善举的称颂之言。

【按】此二首在《邃雅堂集》卷之七编次在《哭伯兄四首》前，故知公随父去避村营造墓地的事情发生在加颖公去世之前，即秋初。

公《先世隐德记》云："乾隆戊戌岁，先府君为大父营兆至避村。有老翁出问曰：'若姚姓，亦知城中有姚扬吉乎？'府君曰：'吾祖也，翁何以知之？'翁言：'年五六岁时，遇大祲，死亡者相踵。公以舟载钱至各村散给，吾是以识之。余宅西有关帝庙，岁久圮，海防同知沈君琪捐资重建，撤其梁，有题名，乃雍正四年公所建者。'邑长老又言，大父性仁厚，所得先世资产半以济周亲，后遂大困。"^③

八月十一日卯时，长兄加颖公病逝，享年二十五岁，葬避村孟家山坞。^④公奉父命撰《季父伯兄合葬墓志铭》，并有《哭伯兄四首》表

---

① 《邃雅堂集》卷之七。
② 《邃雅堂集》卷之七。
③ 《邃雅堂集》卷之三。
④ 《姚氏家乘》卷五。

达哀悼之情。

【按】《季父伯兄合葬墓志铭》对这位英年早逝的兄长有简单介绍："伯兄讳加颖，字艺馨，自号馥堂，邑诸生，亦随吾父走江淮，以岁试归。会郡中苦旱，郡人毕出，诣岳庙祈雨。伯兄体素赢，触暑遘疾以卒。性勤学，虽病，卷帙不去手，赍志不遂，有遗文行世。"[①]

公《哭伯兄四首》其一首联即为"客舍相依榻尚同，情亲师友十年中"，并有注释云："予从大人之邗上，与兄常同榻卧。"[②]兄弟情深，可见一斑。

秋，经湖州爱山书院主讲王方川先生介绍，公得以迎娶嘉善魏塘人、孝丰县学训导周鼎枢之女周瑶（1756—1819）。

【按】公《魏忠节孝烈两先生画像记》开篇云："余年二十余时就婚于魏塘周氏。"[③]《亡室周夫人圹志铭》云："年二十二字于予。"[④]周氏生于乾隆二十二年（1757），二十二岁嫁公，即在乾隆四十三年（1778）。周瑶《初至湖州》[⑤]诗末有"帘外西风催暮景，数声清雁度高楼"句，可知她嫁到湖州是在秋天。

公《题红蕉阁主人遗照》一文详细介绍了夫人周瑶的生

---

① 《邃雅堂集》卷之四。
② 《邃雅堂集》卷之七。
③ 《邃雅堂集》卷之三。
④ 《邃雅堂集》卷之四。
⑤ 《邃雅堂集》卷之七。

平事迹和他迎娶周瑶的经过："红蕉阁者，予室周夫人所居也。夫人讳瑶，字兰屿，一字蘋卿，嘉善人，武功令讳鼎枢女，母陈孺人。夫人生而姿质端丽，德性温粹，武功公绝怜爱之，教以书，能通晓大义。周氏故世族，一门群从方贵盛，又艳闻夫人名求昏（婚）者踵至，皆不当武功公意。乾隆戊戌岁，会稽王方川先生来主讲湖州之爱山书院，见予文，亟称赏。会武功公属择对，出予文示之。武功公喜甚，归以语陈孺人。陈孺人亦喜。或言："如太贫何？"陈孺人伪为甥女相攸者，私询诸夫人曰："顷人来为丁姊议亲，一能文而贫，一不学而富，二者宜何择？"夫人答曰："能读书者佳耳。"事遂定。及来归，食贫处约，安之如素。事舅姑，处娣姒，言动必以礼。予久踬场屋，恒终夜攻文史，夫人手箴黹，一灯相对，未尝先息。……生子二、女一，每产辄大病几殆。后病喉，医者过投苦寒，遂断孕。又患疬，浸淫几二十年，盖积劳所致也。性宽和，平居无盛喜暴怒，故体虽弱而中不伤，年逾六十，容貌如四十许人。兹岁九月，予奉恩命视学江苏，眷属先期由水程南下，长妇恽以产后劳顿，登舟之次日仓卒化去。夫人既大惊，又惜妇之贤而年不永也，哀痛撄心，未几遂遘疾，竟以十月廿七日没于济宁舟次。呜呼，伤哉！"①

公在《亡室周夫人圹志铭》一文中对夫人的性格、相貌和人品有较多描写："夫人生有凤慧，甫能言，即解承父母意，五龄，教之读，能通晓大义。箴黹之属，学之靡不极精致。既长，容貌逸丽，发长七尺，光华动人。乡里慕其名，争愿

---

① 《邃雅堂集》卷之三。

见之。夫人动必以礼，非大事不轻出。……夫人既来归，叔母姚恭人叹曰："斯真佳偶矣！"其至予家，上自舅姑，下至婢仆，外逮姻戚，未尝不称善者。……武功公暨陈孺人没后，夫人绘像悬室中，岁时奉祀弗替。其他行事不能悉记。"①

秋，公作有《大风叹》《食橘歌》《见二鹤为野人捕得感而赋之》《憩古墓下有感作》②等诗。

【按】《大风叹》《见二鹤为野人捕得感而赋之》在《邃雅堂集》卷之七中分别编排在《食橘歌》前后，故系于此。《憩古墓下有感作》虽编次在《由万松岭步至净慈寺》后，但因诗中有"蔓草萎秋霜"句，故亦系于此。

冬，公作有《冬日过鸿禧禅寺》一诗。

乾隆四十四年，己亥，公元 1779 年。二十二岁

正月，公赴杭州，就读于武林万松书院。

【按】公《石轩诗钞序》云："余与石轩定交在乾隆己亥，至是且三十年。时与吴竹巢五凤、丁秋水溶、张秋辉文照同读书武林之万松书院，同舍生十余人，然趋向之合无如数君

---

① 《邃雅堂集》卷之四。
② 《邃雅堂集》卷之七。

者，把酒论文，常夜分不倦，自正月至五月乃散去。"①

春，公读书于杭州万松书院期间，作有《由万松岭步至净慈寺》《同丁秋水溶、周司燧以烜游畚箕泉》《送张文照、俞德纲两秀才归四明》《寄怀张、俞两秀才》等诗。②

【按】《寄怀张、俞两秀才》有"讲舍花争发""别来春事尽"之句，可知作于暮春。

五月，公在杭州万松书院的读书行将结束，各地同学已纷纷散去。公感伤之余，赋诗一首《己亥春，读书杭州之万松书院，时余与同邑丁溶，孝丰吴五凤，鄞黄定衡、张文照、俞德纲皆以次岁迎銮献赋，为学使南昌彭公檄调来省。妻弟周以烜嘉善人，吴君弟子，因帅以行。其时，仁和宋大荣、马廷楠，余杭姚亮祖，山阴陈怀，诸暨寿湑兰以书院肄业生，并先在焉。联五郡之士，结数月之欢。忽然，不知其乐未几，张、俞以试事归。后旬日，宋、马、陈、寿皆散去，而余亦将行矣。俯仰之间，顿成今昔，怅然言别，情见于诗》，既写他们在南山脚下同窗共读的美好时光，也写离愁别绪。诗云："孟春气始和，泛舟武林道。讲舍依南山，日夕事研讨。良友接三益，慷慨倾怀抱。高义发昌言，天才散葩藻。诗爱吴体清，士称丁掾好。周郎信英俊，黄生实师表。闲雅推孟阳，诙谐有清老。余子皆翩翩，吾宗亦矫矫。雄辨银河悬，痛饮玉山倒。松桂遍扪历，岩岫剔深杳。左挹湖光澄，右睨

---

① 《邃雅堂集》卷之二。
② 《邃雅堂集》卷之七。

江流小。危亭倚山半，长歌风浩浩。……"①

秋，好友丁溶乡试中举。

【按】公《石轩诗钞序》云："秋水以是年（指乾隆己亥）举于乡。"②

拙著《湖州名人志》第285页有丁溶介绍，云："丁溶（？—1804），字淇泉，号秋水。归安县（今属湖州）人。丁杰族弟。清乾隆四十四年（1779）举人。曾正校《唐石经》。嘉庆八年（1803）选授莱阳知县，逾年卒。著有《通鉴考辨》《王村山农诗钞》等。"

秋，公到湖城郊外夹山漾游玩，作《游夹山漾茅庵》诗一首，另作有《对菊》《不寐》《寄潘大兰森蜀中》诗三首。③

【按】《不寐》诗有"天高过雁知寒重，秋老啼螀入怨多"句，知为秋季。而其中"故侣久无烹鲤字，壮怀空有击壶歌。析声迢递增惆怅，起倚危楼看曙河"二联，表达了诗人乡试落榜后的悲伤心情。

《寄潘大兰森蜀中》开头即云："送君西去蜀，五见菊花时。"亦知是秋天，且当时距送潘兰森去四川已经过了五年。

---

① 《邃雅堂集》卷之七。
② 《邃雅堂集》卷之二。
③ 《邃雅堂集》卷之七。

乾隆四十五年，庚子，公元1780年。二十三岁

春，公到城西栖贤山探梅，作五绝《栖贤山探梅憩澄心庵》一首。是年春，公另作有《同杨四宗岳、章四宝书至云怡堂即留宿》《宿云怡堂赠道士蔡松友》《雨后招沈皆山环、家渔生鸿出郭闲游代简》等诗。①

【按】《同杨四宗岳、章四宝书至云怡堂即留宿》有"径依芳草入，庭亚早花繁"等句，《雨后招沈皆山环、家渔生鸿出郭闲游代简》有"风帘蓦见柳吹绵，过眼春光又一年"句，知皆是春季。

春末夏初，公与友人游城南岘山，作有《偕同人出郭游，因步至岘山寺小憩，复乘舟循山塘归，时已向莫，漫成》。②

【按】诗中有"好花狼藉春可惜，芳草凄迷日易曛"句，知是春末夏初。

秋，好友张文照乡试中举。

【按】公《石轩诗钞序》云："庚子、癸卯，秋辉、竹巢

---

① 《邃雅堂集》卷之七。
② 《邃雅堂集》卷之七。

相继捷。"① 张文照，字秋辉，生平事迹无考。

秋，公有《狂歌遣兴》诗一首。②

【按】诗中有"秋以为期雁不来"句，知是秋季。

冬，公有《野望》五绝一首。

【按】《野望》中有"松林惨寒日，暝色照平芜"之句，知作于冬日。后有《四愁诗》七律四首，写春、夏、秋、冬四时之愁③，暂系于此。

乾隆四十六年，辛丑，公元 1781 年。二十四岁

初春，公见柳树泛绿，触景生情，怀念远在关中的好友张溶，遂赋诗《初春见柳寄怀张秋槎溶，时客游关中》一首表达思念之情。当得知张溶由关中前往四川时，又赋《闻秋槎入蜀又寄》诗一首。④

九月，公岳父病危，公和夫人赶往嘉善魏塘探望，作有《恭寿堂古松殆宋元时物，时予赘居魏塘，栖止其下，乾隆辛丑九月也》。⑤

十月十七日，公岳丈周鼎枢病逝。公悲痛之余，撰《武功县知县

① 《邃雅堂集》卷之二。
② 《邃雅堂集》卷之七。
③ 《邃雅堂集》卷之七。
④ 《邃雅堂集》卷之七。
⑤ 《邃雅堂集》卷之七。

周公家传》一文缅怀之。①

【按】据家传，周鼎枢（1731—1781），字凝甫，一字榆所，浙江嘉善人。乾隆十八年（1753）举人。充景山官学教习、孝丰县学训导。乾隆四十六年（1781）选桐柏知县，寻调武功县知县，卒于任。

约是年，公仲兄加荣为文告神，愿意减寿以换取乡试中举，以告慰双亲。

【按】公《先世隐德记》云："仲兄加荣未乡解前，为文告于神，愿减算易一科，以慰亲望。癸卯乡解后，未数年竟卒。"②

乾隆四十七年，壬寅，公元 1782 年。二十五岁

春，公赏梅寒翠楼，赋《寒翠楼赏梅四首》。③
春，公本欲游幕太仓府，行至娄东，听闻宋刺史已调往江宁，遂乘舟返回苏州，途中遭遇大风雨，遂作《壬寅春日客游娄东，回至姑苏途中，风雨甚恶》。第二天又作《余初赴太仓宋刺史幕，及至娄东，值刺史往摄首郡，复回舟诣姑苏郡舍，越日书怀》二首④，诗末自注：

① 《邃雅堂集》卷之三。
② 《邃雅堂集》卷之三。
③ 《邃雅堂集》卷之七。
④ 《邃雅堂集》卷之七。

"时留阅府试卷。"可知在苏州时，公曾帮助批阅府试试卷。

【按】首郡即一省首府，乾隆时江南省首府在江宁。公另有诗《江东行赠无锡顾孝廉杏章，时共校文姑苏郡署》，亦作于姑苏游幕时期。该诗末二联云："同君俱住菰芦间，只隔湖光不隔山。惟应乞得樵风便，稳驾扁舟时往还。"诗末自注："自吴兴至梁溪，由太湖一日可达。"表达了公与顾杏章的深厚友谊和时常来往的心愿。"吴兴""梁溪"分别为湖州、无锡别称。

是年春，公还作有《木兰堂夜宴即席呈宋五使君》《同人游虎丘戏为长歌》等诗。

【按】《木兰堂夜宴即席呈宋五使君》有"茂苑莺花烂漫春，更逢东阁尽佳宾"句，《同人游虎丘戏为长歌》有"微风拂拂官路香，踏青游女骄春阳"句，知时在春日。

四月上旬，公在百忍斋书有楷书对联"笔锋雄健千人敌，谈阵风流四座倾"。

【按】书作落款时间为"壬寅清和月上浣"，"清和月"是古代农历四月的别称，"上浣"指上旬。

秋，公"薄游娄东，过太湖，见小舟系柳阴下，有渔妇理渔具，一老翁酌酒对之，意良适。自思百年旦莫耳，何苦终岁为形役，遂作诗寄妇云：'为客经时尚未还，五湖秋水照尘颜。何如一舸携家去，浩荡烟波得自闲。'妇答书有'为君亲手织渔蓑'之句"（《烟波钓叟图序》①）。

【按】《邃雅堂集》卷之七有《秋渡太湖，时水波不兴，万顷一碧，见小舟泊柳阴下，有渔妇理渔具，老翁酌酒对之，意良适，因题寄内》，并附周瑶《答寄》一首。后者诗末有公原注云："先室周夫人所居曰红蕉阁，因以红蕉阁主人自署。学作诗本不甚多，闻家人言，病中索火尽焚之，今可记忆者仅三四首，不能成卷，故附刻抽集中。"②

八月二十七日，公有《和内，时由魏塘归吴兴，壬寅八月二十七日也》诗一首，载于《邃雅堂集》卷之七，诗后附有周夫人的《初至湖州》原作。③

秋，公重返娄东州署游幕，作有《重至娄东州署，雨后登镇洋山，同谢丈鸣篁作》。后自娄东归家，有《归自娄东留别诸子》诗。又有吴江之行，有《吴江道中》诗。其间与晋江画家杨埙、六合吴秀才交游，有《题晋江杨丈埙画卷》《题六合吴秀才〈五月江深草阁寒〉图照》《杨丈埙见赠墨竹，后复寄以尺幅，作诗报之》等诗。④

【按】谢鸣篁，清江西南丰人，生平无考，有《钱谷视

---

① 《邃雅堂集》卷之二。
② 《邃雅堂集》卷之七。
③ 《邃雅堂集》卷之七。
④ 《邃雅堂集》卷之七。

成》二卷、《川船记》一卷存世。

杨埰，生卒年不详，福建晋江人，幼号神童，既冠，弃举子业，欲游京师，道出吴门，遂为黄氏馆甥。爱金陵江山之胜，乃卜宅焉。性孝友，重然诺，人称羲山先生。诗文崇骨格；书法于道劲中时露机趣；画则山水小景或大幅，苍松、梅、兰、蕉、石皆奕奕可喜。性爱竹，故写竹尤称独步。嘉庆元年（1796）举孝廉方正。

《重至娄东州署，雨后登镇洋山，同谢丈鸣篁作》有"微雨秋气薄"句，《归自娄东留别诸子》有"稻粱久困随阳雁，风雨聊为借树乌"句，《吴江道中》亦有"浅濑修芦出"句，知均作于秋季。

秋，公生病十日，愈后作《病起》一首纪之。诗曰："十日人事废，空庭秋草滋。蠹鱼穿画箧，蛛网乱琴丝。南雁兼愁到，西风有病知。更为行客久，腰带得无移。"又作有《夜坐》《独酌遣闷》等诗。①

【按】《夜坐》有"凉月白于银""孤雁没寒云"句，知是秋季。《独酌遣闷》开头便写"中庭草长没行踪，病久深知百事慵"，知是病后所作。

乾隆四十八年，癸卯，公元 1783 年。二十六岁

春，公到栖贤山（在今湖州市吴兴区妙西镇）赏梅，作《栖贤

---

① 《邃雅堂集》卷之七。

山看梅题野人屋壁》。后有《食芋》《闺夜偶谈神仙事戏为长句》诗二首。①

【按】《食芋》《闺夜偶谈神仙事戏为长句》编排在《栖贤山看梅题野人屋壁》之后，《癸卯春登法华山，用寺壁刻东坡与胡祠部游此山诗韵》诗之前，故系于此。

春，公时隔十年后再游法华山，眺望太湖，见望湖亭已崩坏，见先从祖姚世鎔题写的匾额倒在荒草中，有感而赋《癸卯春登法华山，用寺壁刻东坡与胡祠部游此山诗韵》诗一首。诗中有"独登绝顶望具区，惆怅孤亭已崩坏。榜题旧是吾家书，势逼唐贤夺险怪"，公自注云："望湖亭额字大径六尺，为先从祖世鎔书，全用欧法。太守沔阳李公绝爱赏之，每政暇，辄纵马往观，不能去。"游毕，做客外家沈氏别墅，有《题牧圃》诗一首，题注云："在法华山麓，为外家沈氏别墅。"②

次日，公又游道场山，宿归云庵，有诗《次日复游道场山，晚憩归云庵》纪此游。③

秋，公赴杭州参加乡试。回湖州时，公在船上作有《自省试回夜渡敢溪》诗一首，感慨道："殷勤问前路，谁慰济川心。"④

【按】"济川"犹渡河，喻辅佐帝王。唐孟浩然《都下送

---

① 《邃雅堂集》卷之七。
② 《邃雅堂集》卷之七。
③ 《邃雅堂集》卷之七。
④ 《邃雅堂集》卷之七。

辛大之鄂》诗云："未逢调鼎用，徒有济川心。"

秋，仲兄加荣公以《礼》中浙江乡试第十二名举人。[①]同榜中举的还有公好友安吉吴五凤。

【按】拙著《湖州名人志》第292页有吴五凤介绍，云："吴五凤（？—？），字穉威，号竹巢。安吉县人。清乾隆五十二年（1787）进士。知广西隆安县。告归，居鄣吴山中，闭门著述。多藏书。"

年底，公为献赋，再赴杭州，并在杭州过年。

乾隆四十九年，甲辰，公元1784年。二十七岁

正月十八夜，连日大雪后，公在杭州租住的小楼内作诗解闷，诗题曰《甲辰正月十八夜，大雪连日不止，积雪深至没马，余时以献赋先期至武林，僦居小楼，行泥载道，阅月不能出户，作此排闷》。此诗真实反映了当时的天气和诗人的处境，故收录于此："入春已五日，天气犹苦寒。严风何惨凄，仰瞩愁云攒。飘霰初淅沥，霏空遂弥漫。皑如散玉屑，纷若坠羽翰。昏晓再变更，始觉意渐阑。开门试纵目，不见天地端。平川失旷荡，众峰迷巉岏。白日惨不阳，后土何时干。繄余本寄居，丈室苦不宽。乘暇过朋旧，日夕资盘桓。泥深已没马，奈此行路难。既悲穷檐漏，复轸行客单。念彼荷担人，蔬菜供盘餐。所

---

① 《姚氏家乘》卷五。

恃获纤微，果腹聊自欢。寸步涉艰虞，反复增哀叹。未知洛阳令，何以慰袁安。"①

【按】匝月，满一个月的意思，故知公于上一年年底已到杭州。是年继续在杭州武林万松书院读书。公《石轩诗钞序》云："及甲辰，余再至武林，所见惟石轩耳。"②

春夏间，已高中进士、在北方为官的儿时同学沈南春从北方回来，在杭州与公会晤，同宿昭庆禅寺经房。公以《余与沈巡梅南春兄弟幼同文社，兹巡梅自北来，复同寓昭庆禅寺之经房，因赠》③一诗相赠。内有"小时黑白迷心胸，强从文阵争雌雄"句，写小时候的争强好胜；又有"与君少小共砚席，驰猎名场十载余。君先射策登金殿，我尚沉沦守里闾"句，表达了对同学先登进士的羡慕和自己困顿场屋的无奈。

【按】沈南春（1752—1834），字蔼圃，号巡梅。归安县（今属湖州）人。沈长春兄。清书法家。乾隆四十五年（1780）进士。授甘肃崇信知县。丁忧，服阕，授安徽五河知县，调怀宁，擢寿州知州。所至多善政。罢归，卒于家。④沈南春此次"自北来"的"北"是其任职的甘肃崇信县，而"来"的原因是丁忧。

---

① 《邃雅堂集》卷之七。
② 《邃雅堂集》卷之二。
③ 《邃雅堂集》卷之七。
④ 沈文泉编著：《湖州名人志》，杭州出版社 2009 年版，第 290 页。

昭庆寺坐落在杭州宝石山东麓，南面西湖，全称大昭庆律寺，始建于后晋天福元年（936），后屡毁屡建，明末清初人张岱在《陶庵梦忆》《西湖梦寻》中均有所记。昭庆寺为吴越古刹，南宋时曾是皇家五山十刹之一，宋代南山律宗祖师永智大师、净土宗祖师省常大师、天台宗祖师遵式大师等都曾在此驻锡，为杭州"四大丛林"之一。1958年，昭庆寺改为杭州市青少年宫。2000年7月，昭庆寺被列为杭州市级文物保护单位。

　　秋，公作《秋至》诗一首。[1]诗中的"对酒放歌吾已倦"句应是对自己多年科举无成的失望感叹。

　　是年秋或冬，公另有《杂感五首》。[2]

乾隆五十年，乙巳，公元 1785 年。二十八岁

　　春，公在潞村读书，想约同学一起赏梅，因故未能成行，遂作诗《乙巳春与蔡香慧蕊榜、严二如昌钰同馆潞村，拟招共至近寺看梅，不果》[3]纪之。

　　【按】蔡蕊榜，号香慧，善诗，余不详。严昌钰（1756—？）字铭蓝，号二如，归安县（今属湖州）人。严胤肇元孙。清乾隆五十三年（1788）举人。嘉庆六年（1801）三甲第

---

① 《邃雅堂集》卷之七。
② 《邃雅堂集》卷之七。
③ 《邃雅堂集》卷之七。

六十五名进士。著有《浣花居诗抄》十卷、《浣花居文抄》。《湖州名人志》有词条，但介绍甚简。

四月初五日辰时，公长子培宣诞生。公喜而赋诗《英儿生》一首。①

【按】姚培宣（1785—1848），官名晏，字来卿，号圣常。娶阳湖乾隆癸卯（1783）举人、江西瑞金县知县恽敬（字子居）之女为妻，另有侧室徐氏、张氏、张氏、刘氏，与原配恽氏育有一子经辅，与侧室刘氏育有一子一女：子经礼；女适嘉善周仕钰（字季相，江苏候补知县）。培宣系归安监生，道光元年（1821）正二品荫生，任刑部贵州司、广西司主事兼钦奉上谕事件处行走，升福建司员外郎、湖广司郎中、总办秋审处律例馆提调，京察一等，加一级，截取记名，以繁缺知府用，选授广东韶州府知府，奉旨仍回郎中本任，例授朝议大夫，以胞侄觐元任广东布政使司，光绪年覃恩貤赠资政大夫。著有《中州金石目》四卷、《再续三十五举》一卷行世。原配恽氏赠恭人，貤赠夫人。侧室刘氏以子亮元任河南项城县知县加同知衔，诰封宜人。卒年六十四岁，恽氏卒年三十五岁，葬云巢教场山。②

姚晏在任刑部候补主事时，曾任《仁宗实录》修纂官。③

---

① 《邃雅堂集》卷之七。
② 《姚氏家乘》卷五。
③ 参见《清实录》第二八册，中华书局1986年版，第60页。

五月，公有感于湖州自二月以来干旱无雨，又听说城南倪家溪山有两只异鸟，羊身、犬尾，赤首、白身、黑翼，其鸣如羊，居人皆见之，感而叹之，遂赋诗《自二月至五月不雨，郡中全境枯旱，闻近事有叹》一首。①

夏，公仍在潞村读书，有《潞村晚步》四首，写傍晚出门散步情景。②

【按】诗中有"觅路披桑荫""衣暑入风消""塘蛙处处鸣"等句，知是夏季。

乾隆五十一年，丙午，公元 1786 年。二十九岁

七月十日，公在杭州参加乡试期间给周瑶寄去家书。周瑶有《题丙午七月十日家书后》诗一首，诗曰："凉月半轮秋，披襟独倚楼。银河水清浅，脉脉望牵牛。"③表达了浓浓的思念之情。公于是又作《答内》诗寄夫人，题注云："时在武林，重访靖青巷，红蕉寄舍已屡易主。"④

秋，公好友黄石轩中举。

【按】公《石轩诗钞序》云："丙午，石轩亦登贤书。"⑤

---

① 《邃雅堂集》卷之七。
② 《邃雅堂集》卷之七。
③ 《邃雅堂集》卷之七。
④ 《邃雅堂集》卷之七。
⑤ 《邃雅堂集》卷之二。

科举时代称乡试中式为登贤书。古代乡试一般在八月举行，又称"秋闱"。黄石轩，浙江鄞县（今宁波市鄞州区）人，黄定文弟，生年和宦迹无考，乾隆五十三年（1788）卒于京师。

秋，公叔载青去世，公以《哭载青叔》[1]诗表达哀悼之情。诗有公自注，云："叔幼寄读予家。""叔受室数年而无子，常谓：'自问不应无后。'"

秋，公另有《寄三兄京师》[2]，诗起句为"木落霜清大地秋"，知作于秋。

乾隆五十二年，丁未，公元 1787 年。三十岁

九月，公因积劳、积食致疾，病于潞村。后因服用了某个庸医所开的药方，病情加剧，匆忙归家。家人亲朋多方补救，又有高翁馈赠人参，公病情才得以好转。公此病缠绵六匝月，于第二年初夏始痊愈。

乾隆五十三年，戊申，公元 1788 年。三十一岁

四月廿九日未时，仲兄加荣公病逝，享年三十三岁。[3]

初夏，公久病始痊，又闻三兄丧讯，悲恸无已，作长诗以纪其事。

---

[1] 《邃雅堂集》卷之七。
[2] 《邃雅堂集》卷之七。
[3] 《姚氏家乘》卷五。

《余于昨岁九月因积劳复夹食致疾，时在潞村，主人延医视投汤液一盏，辄不寐，余坚守中医戒而主人谆劝再诊，医来持前方甚力，姑从之，次日不能起坐，匆遽告归，多方补救，兹岁初夏甫就痊，自丁至戊支离床蓐者六匝月矣，未几闻三兄之丧，悲恸无已，事稍定，纪以长言，得三十四韵》①详细记载了公当时生病的情形，诗云：“……昨岁困劳役，孱质苦不任。养生复失宜，宿食伤其阴。肌肤发狂热，暴逾风雨侵。粗工不解事，谓是暑气淫。凶凶肆功伐，杂进柴与芩。一饮夜无寐，鲧鱼游沸鬵。再酌腰不起，山压愁单衾。是时方村居，催舟归河浔。入门各惊诧，慈母泪涔涔。诸弟扶向床，为我退衣襟。反复诘所由，欲语如病喑。扪腹云有物，脉之牢以沉。颇资麦麹功，得后坚且黔。归卧顿神爽，安眠辍呻吟。虚虚终被伤，奄奄仍不斟。颜色对惨戚，感荷亲朋临。高翁知我贫，慨然馈人参。扶羸洵有力，生意回枯林。自余卧病始，朔风吹寒砧。及能扶杖立，深树鸣春禽。背秋忽涉夏，岁序何骎骎。婉娈室中妇，累月发不簪。始更理红妆，渐觉笑语深。……”

九月，公作《食蟹限尖团韵》诗二首。②

【按】其一开篇即云“陂田九月稻翻镰”，知作于九月。

秋，公以诸生选入成均。

【按】公《皇甫香畴时文序》云：“乾隆五十三年戊申，

---

① 《邃雅堂集》卷之七。
② 《邃雅堂集》卷之七。

余以诸生选入成均。"①成均是古代的大学，是官设的最高学府。

十一月十一日未时，公季弟加榜逝世，年仅十九岁，附葬听九堡。②

乾隆五十四年，己酉，公元 1789 年。三十二岁

四月，公自杭州回湖州，有《己酉四月归自武林，有怀湖上旧游》诗一首。③

六月廿一日辰时，公次子培赏出生，后被过继给弟加果。

【按】姚培赏（1789—1850），官名衡，字大卿，号雪逸。娶胡枚（字梁园，石门人，乾隆乙卯进士，刑部郎中）之女（1791—1857）为妻，育有二子经炳、经第。另有侧室王氏（1806—1890）、郭氏、仲氏，育二子一女：子经甸、经传；女适湖州赵景贤（1822—1863，字竹生，道光甲辰举人，布政使衔，福建督粮道，花翎额尔德木巴图鲁）。姚衡为归安县监生，嘉庆戊寅（1818）、道光辛巳（1821）科顺天乡试挑取誊录，充实录馆誊录，议叙布库大使、盐运使运判，军功保升同知，选授江西建昌府同知，道光三十年（1850）覃恩诰授朝议大夫，以长子经炳任四川川东道升湖北按察使、广

---

① 《邃雅堂集》卷之二。
② 《姚氏家乘》卷五。
③ 《邃雅堂集》卷之七。

东布政使，同治、光绪叠遇覃恩，诰赠资政大夫，配赠夫人，卒后合葬湖州西门外太史山。著有《寒秀草堂笔记》四卷行世。侧室王氏以子经甸任光禄寺署正加三品衔，同治、光绪叠遇覃恩，诰封宜人，加赠淑人，卒后与子经传葬康山骆驼湾。①

夏，公有《夏日自嘲四首》②，叹生活之艰难。

秋，公由归安县、湖州府拔贡，中浙江乡试第七十三名。③根据府志、县志记载，同年中举的湖州学子还有乌程严珏生、闵思坚（1757—1818）、闵之瑗（1718—1792），归安王以衔（1761—1823）、姚学㙅（1766—1826）、吴寿清、费潮、胡耀廷，德清袁樾（1771—1841）。

十月初三日卯时，弟加果病卒，享年二十八岁，附葬于听九堡达斋公墓。④

冬，公驾车赴京应考。

【按】公《癸丑正月六日将赴公车述怀》诗道："忆昔巳酉冬，驾言谒帝阍。"⑤"驾言"即驾车出行之意。

① 《姚氏家乘》卷五。
② 《邃雅堂集》卷之七。
③ 《姚氏家乘》卷十七。
④ 《姚氏家乘》卷五。
⑤ 《邃雅堂集》卷之八。

乾隆五十五年，庚戌，公元1790年。三十三岁

正月，公和丁溶北上进京赶考途经无锡，有《无锡道中作，时偕丁秋水同就礼部试》[1]，感叹民生之艰和自家生活之难。途经镇江时游览金山寺，登金山寺塔，作《登金山寺塔》诗一首纪游。途经山东济宁时，游览孟庙，有《孟庙》诗二首。行至汶上县，与丁溶分手，公自赴大名府（治所在今河北邯郸市大名县东北）探望尊长——明末大名相国成文穆的后人，向他们借观明末著名将领、成文穆部属卢象升的手札数日，对卢氏的书法和忠勇赞叹不已，遂有《汶上县与秋水别，余方赴大名省觐》《抵大名》和《宜兴卢忠肃公为大名相国成文穆公门下士，忠肃初守大名，后复以副使整饬大名等郡兵备，故致相国手札甚多，成氏后人藏庋祠内，文田请借观之，书法清劲无匹，所言多西山寇盗事，考〈明史〉乃山西贼流入畿辅据临城之西山，崇祯六年事也，忧时抚事，忠爱之忱流溢翰墨，读之泫然欲涕，因留玩数日归之》诗三首。后又有《将至京师途中寄弟通甫》诗一首。[2]

【按】孟庙，又称亚圣庙，坐落在今山东省济宁市邹城市亚圣府街44号，始建于北宋景佑四年（1037），为历代祭祀孟子的场所。1988年，被国务院公布为全国重点文物保护单位。

卢象升（1600—1639），字建斗，又字斗瞻、介瞻，号九台。南直隶常州府宜兴县人。明末著名将领。自崇祯六年

---

① 《邃雅堂集》卷之八。
② 《邃雅堂集》卷之八。

（1633）起，因镇压李自成等农民军有功，升任右副都御史，总理河北、河南、山东、湖广、四川等省军务，兼湖广巡抚，升任兵部侍郎，总督宣府、大同、山西军务。崇祯七年（1634）击溃张献忠部。崇祯八年（1635）击败高迎祥、李自成部。崇祯十一年（1638）任兵部尚书，力主抗清，守卫京师，连战皆捷，后被太监高起潜陷害，免去尚书职务，以侍郎视事。崇祯十二年（1639）所部在巨鹿贾庄被清军包围战死。追赠太子太师、兵部尚书，南明福王追谥"忠烈"，清追谥"忠肃"。著有《卢忠肃公集》《卢象升疏牍》。

二月初八日辰时，母沈氏病逝，享年五十八岁。沈氏以子文田贵，封孺人，赠安人，加赠宜人，累赠一品夫人。①

乾隆五十六年，辛亥，公元 1791 年。三十四岁

二月，公在苏州见到了已有十年未见的画家杨埥，甚是高兴，兴奋之余，赋《杨丈埥不见十年矣，辛亥仲春喜晤金阊旅舍，率赠二律》。②

【按】金阊指苏州金门、阊门两城门，代指苏州。

五月，因长时间雨水不止，庄稼无法耕种，水灾将带来饥荒，公

① 《姚氏家乘》卷四。
② 《邃雅堂集》卷之八。

忧心如焚，赋《苦雨叹》一首。①

【按】《苦雨叹》首二句曰："今年夏雨日甲子，占者谓当船入市。"古人认为，甲子日所下的雨可兆天时并人事。唐张鷟《朝野佥载》卷一载："春雨甲子，赤地千里。夏雨甲子，乘船入市。秋雨甲子，禾头生耳。冬雨甲子，鹊巢下地，其年大水。""夏雨甲子，乘船入市"，是说立夏后第一个甲子日如果下雨，接下来两个月会雨水多。该诗有"往时五月苗已齐，今见科秧没清泚"句，知作于五月。

乾隆五十七年，壬子，公元 1792 年。三十五岁

春，公应友人之邀游苏州邓尉山赏梅，遂作《王和仲秀才以事招至邓尉山，时梅花正开，题清闻阁》诗一首。又，公收到夫人周瑶的寄诗，遂作和诗一首，题曰《次韵寄红蕉阁》。②

【按】公上述二诗在《邃雅堂集》卷之八中编排在《苦雨叹》一诗之后，故系于壬子年。《王和仲秀才以事招至邓尉山，时梅花正开，题清闻阁》有"山深有春藏不得"之句，周瑶寄诗有"春深子夜中""一襟杨柳月，双鬓杏花风"之句，《次韵寄红蕉阁》有"春色仍孤赏"之句，故知均作于春日。

---

① 《邃雅堂集》卷之八。
② 《邃雅堂集》卷之八。

五月五日端午节，公游姑苏阊门内慕中丞园，作《重五日游慕中丞园，时新阳韩大尹燕奉母寓此》诗四首。①

【按】"重五"为农历五月初五日端午节，又称重午。

诗歌第四首有公自注云："园为前明申相国故宅，后归中丞，又屡易主矣。""申相国"指申时行（1535—1614），明苏州府长洲人，字汝默，号瑶泉，晚号休林居士。嘉靖四十一年（1562）进士。累官少师兼太子太师、吏部尚书、中极殿大学士，谥文定，有《赐闲堂集》。"慕中丞"当指慕天颜（1624—1696），字拱极，清甘肃静宁人。顺治十二年（1655）进士。授浙江钱塘知县，康熙间历任江苏布政使、江宁巡抚，后坐事去官，起为湖广巡抚，终漕运总督，有《抚吴封事》《楚黔封事》《督漕封事》。明清时巡抚也称中丞。

五月至七月间，公由姑苏至杭州。七月，游杭州赵谷林、赵意林故居，作《武林赵征君园看竹》一首、《七月十五夜南华堂对月》三首。②

【按】《武林赵征君园看竹》诗末有公自注："园有三十六鸥亭。"《七月十五夜南华堂对月》其三诗末有公自注："即赵谷林、意林两征君故居。""三十六鸥亭"与"南华堂"均为赵氏春草园内建筑。

---

① 《邃雅堂集》卷之八。
② 《邃雅堂集》卷之八。

赵昱（1689—1747），原名殿昂，字功千，又字谷林，浙江仁和（今杭州）人，清藏书家、文学家，著有《爱日堂集》十六卷。其弟赵信（1701—？），字辰垣，号意林，亦喜藏书，与谷林齐名，时称"二林"。

秋，公由杭州至姑苏，途中作《自武林之姑苏舟中作》一首。[①]

【按】此诗有"山寺钟寒落叶多""归梦已迟秋后燕"之句，知时在秋日。另，公自注云："兹岁来往苏、杭已三度矣。""时送王憩园方伯葬至武林。"可推知，是年春，公有自杭州至苏州之行，而送王憩园归葬武林事，当在端午后至七月间。

王憩园生平无考。

秋，公作《闭门觅句图》，并赋自题诗一首。另有《西风》《有怀从学诸子》《送张三世纶归武林》《闻省试榜放有怀诸子》《雨泊胥江闻邻舟歌，感而有作》《胥江以子胥名，心伤东门县目之言，因作长歌陈吴亡之由，于子胥亦不能无讥焉尔》《旅馆》等诗。

【按】《自题〈闭门觅句图〉》有"远梦渐随芳草尽，苦吟端有晚蛩知"句；《西风》有"稻熟野田饥鼠出，草枯江郭鸷禽飞"句；《有怀从学诸子》有"荻花欹岸舞，瓜叶覆檐吟"句；《送张三世纶归武林》有"秋意满江城""菲菲篱下菊"

_____

① 《邃雅堂集》卷之八。

等句；《闻省试榜放有怀诸子》写于省试放榜后，省试又称秋闱；《雨泊胥江闻邻舟歌，感而有作》末句为"水国沧茫一雁斜"；《旅馆》首句为"枫林霜晚雁来初"，末句为"一竿秋水钓银鱼"。可知皆作于秋季。

张世纶生平无考。

冬，公与吴载和重游慕中丞园，作《冬日同吴生载和重游慕园即示》一首。[1]

乾隆五十八年，癸丑，公元1793年。三十六岁

正月六日，公即将进京应试，颇感慨，赋诗《癸丑正月六日将赴公车述怀》一首[2]，写前次赴考时母亲的依依送别，写远在燕南的父亲的来信叮嘱，也写自己对考试前程的茫然心情。

正月，公表兄、湖北镇箪书院山长费荣春卒于楚，后公应其子南辉、南燿之请，为撰《芳园费翁墓表》。[3]

【按】据墓表，费荣春（1728—1793），字华书，号芳园。乌程县（今属湖州）人。出身书香门第，曾祖费之圻系康熙三年（1664）进士，任徽州府推官。祖、父分别为恩贡生和邑诸生。费荣春早负文誉，但久蹞场屋，以贫游食四方，后主楚中镇箪书院。

早春，公水陆并进，再次进京赴考，沿途写下了《重过阊门旧馆即赠王氏诸弟》《京口守风题甘露寺》《清河怀古》《渡黄河》《途中见饮牛者漫成》《山左道中》《东阿怀曹植》《景州访董子祠未及至》等诗。①

【按】《山左道中》诗云："滕阳小雨报春耕，邹峄残山马首迎。北望海云含日气，东来汶水杂冰声。功名不数齐三士，节概终归鲁两生。旧事难从遗老问，路长心急畏邮程。"从此诗看，公走的是明清两代由南京经山东通北京的驿路，由滕阳经邹峄、汶水一路向北。

秋，公身体有恙，病中赋《秋日有怀》《赠嵇二岳源同年》诗二首。②

冬，公作《对雪行》诗一首。③

约是年，公在澄江访得常熟画家章敏，号�蕅溪者，赞其画艺，为撰《蕅溪写真记》一文。④

【按】据此文，公于乾隆庚戌年（1790）母亲病逝后，"比年求善手，不获，兹来澄江，乃得蕅溪章君"，故系于此。

---

① 《邃雅堂集》卷之八。
② 《邃雅堂集》卷之八。
③ 《邃雅堂集》卷之八。
④ 《邃雅堂集》卷之三。

乾隆五十九年，甲寅，公元 1794 年。三十七岁

三月，高宗幸天津，公召试第一，授内阁中书，充军机章京。① 公有《甲寅三月圣驾巡幸津淀献赋恭纪》诗一首纪此事。诗曰："苏桥柳色上霓旌，御舸才移父老迎。八蘁和风消海气，万家膏雨入春耕。花因近辇方争发，鹤解褰罗更不惊。待诏扬雄犹有赋，只愁闳达愧承明。"②

【按】《清实录》"乾隆五十九年三月下"载："甲寅，谕，此次巡幸天津，直隶及各省士子迎銮献赋，因令分别考试，所有考取一等之浙江举人姚文田，著赏给内阁中书，与考取候补人员挨次补用。"③ 是年三月甲寅日为二十七日。

同月，公应陈惠畴之请，为其兄陈庆（1738—1786）撰《赠云骑尉福建彰化县巡检陈君墓志铭》。④

春，公偕友人到天津游玩，又游北京法源寺，有记游诗《偕友人刘大嗣绾、同年吴大文照、戴大聪赴天津，寄居问津书院，同年吕二兆麒时主讲席，招食江珧柱，即席赋》《游法源寺》二首。⑤

【按】《游法源寺》有"长安旅舍春昼闲""海棠端丽如好女"等句，知作于春。

---

① 《清史稿》卷三百七十四，中华书局 1998 年版。
② 《邃雅堂集》卷之八。
③ 《清实录》第二九册，第 330 页。
④ 《邃雅堂集》卷之四。
⑤ 《邃雅堂集》卷之八。

秋，公作《薇省晚直》一首，描写了军机处值夜的情景。诗曰："掖垣槐叶响萧骚，兀坐轻寒逼氅袍。霜漏自听仙禁永，月华徐转凤城高。已知圣主求衣急，更想群公补衮劳。异梦不须征彩笔，夜深纶綍在挥毫。"①

【按】诗中"萧骚""轻寒""霜漏"等词表明是秋季。

乾隆六十年，乙卯，公元 1795 年。三十八岁

春，公好友、乌程学者严可均进京，住进姚文田与丁溶在宣武门外合住的房子，开始其历时七年的京城游学生活。因丁氏与公的字中都有一个"秋"字，故该住所额曰"二秋亭"。

【按】清孙静庵《栖霞阁野乘》卷上记载："归安严铁桥可均，博综群籍，精校雠，辑书甚富。顾性跌荡，少时家居，殊落拓。喜食肉，欠肉资甚多，屠某催索甚急。一日，严过屠肆，屠人又向索钱，严怒，遽夺屠刀砍之，屠踣。严惧，掷刀只身走京师，匿姚文僖公宅中，姚闭诸室不使出。因发藏书读之，卒成名。"②

严可均《铁桥漫稿》卷五《唐石经校文叙》载："乾隆乙卯春入都。"故将此事系于此。③

---

① 《邃雅堂集》卷之八。
② 孙静庵：《栖霞阁野乘》，张明芳点校，山西古籍出版社 1997 年版，第 67—68 页。
③ 见李士彪、吴雨晴：《辑佚大家——严可均传》，浙江人民出版社 2008 年版，第 73 页。

中秋时节，公在内阁中书岗位上试用期满，顺利转正。[①]

九月初三日，乾隆皇帝"御勤政殿，召皇子皇孙、王公大臣等入见，宣示恩命，立皇十五子嘉亲王颙琰为皇太子，以明年丙辰建元嘉庆元年"[②]。

是年，公得知山西忻州知州汪本直重修元好问墓一事，甚为赞赏，赋诗《忻州汪刺史重修元遗山墓并置产恤其后人，诗以纪之》一首。[③]

【按】元好问（1190—1257），字裕之，号遗山，山西秀容（今忻州）人。元代著名文学家和史学家，著有《中州集》十卷、《唐诗鼓吹》十卷、《诗文自警》十卷、《续夷坚志》四卷、《新乐府》四卷。其墓位于山西省忻州市忻府区城南十里的韩岩村北，墓前的"重修元茔记"碑记载了汪本直重修元好问墓一事。

嘉庆元年，丙辰，公元 1796 年。三十九岁

正月一日，乾隆皇帝正式将皇帝权力移交给皇太子爱新觉罗·颙琰（1760—1820），清仁宗嘉庆皇帝正式登基，清王朝开启了嘉庆时代。[④]

是年，公将夫人周瑶接到京城同居。

---

① 参见署理吏部印务诺穆亲草拟《题为内阁中书姚文田试俸期满准实授事》，中国第一历史档案馆藏，档号：02-01-03-08109-002。
② 《清实录》第二七册，第 857 页。
③ 《邃雅堂集》卷之八。
④ 参见《清实录》第二七册，第 988 页。

【按】公《题红蕉阁主人遗照》云："甲寅，予官中书，后二年，携眷至京师。禄入薄，不能澹（赡）数口，夫人黾勉支持，倍益艰困。"①

是年，公为湖北保康县县丞萧水清赋诗一首，题曰《书赠县丞保康县尉萧水清死贼状后》。②

【按】萧水清，字廉泉，广东平远人。以监生纳捐，发湖北，补保康县典史。嘉庆元年（1796）二月，白莲教围攻该县，萧水清奋勇战死，全家七口皆殉于难。

约是年，公和严可均开始治《说文》之学。

【按】严可均《说文校议·叙》云："嘉庆初，姚氏文田与余同治《说文》，而勤于余。己未后，余勤于姚氏。合两人所得，益遍索异同，为《说文长编》，亦谓之《类考》，有天文算术类、地理类、草木鸟兽虫鱼类、声类、《说文》引群书类、群书引《说文》类，积四十五册。"③

嘉庆二年，丁巳，公元 1797 年。四十岁

是年，公将大量时间和精力用于治《说文》。

---

① 《邃雅堂集》卷之三。
② 《邃雅堂集》卷之九。
③ 姚文田、严可均：《说文校议》第一上，冶城山馆清嘉庆二十三年（1818）刻本。

约是年，公为符兆熊（1729—1795）撰《诰授中宪大夫四川川东兵备道赠按察使司按察使符公墓志铭》。

【按】该墓志铭云："公积劳致疾，以乾隆六十年五月某日卒于师，年六十有七。奏入，加赠按察使，官其子元魁州同知。元魁幼随公历行，间能知军兴事宜，公没后，佐诸将帷幕，颇有劳，亦以捕逆功升四川知县。将以某月日奉公枢归葬于先人之兆，来请铭。"[①] 符兆熊卒于乾隆六十年（1795）五月，待其子元魁"佐诸将帷幕，颇有劳，亦以捕逆功升四川知县"，得一两年时间，故系于此。

嘉庆三年，戊午，公元1798年。四十一岁

是年，公继续认真研读内阁档案库中的历代状元殿试对策，积极准备会试和殿试。

【按】清陆以湉《冷庐杂识》卷六"姚文僖公"记载："姚文僖公官内阁中书时，常至阁取历科状元殿试卷观之，日必书卷一本。嘉庆己未科，大魁天下。论者谓殿试卷字为本朝状元之冠。"[②]

① 《邃雅堂集》卷之四。
② 陆以湉：《冷庐杂识》卷六，崔凡芝点校，中华书局1984年版，第299页。

嘉庆四年，己未，公元 1799 年。四十二岁

正月初三日，太上皇帝乾隆爱新觉罗·弘历（1711—1799）于养心殿驾崩，享年八十九岁。

三月初六日，朝廷以内阁学士达椿、礼部侍郎曹城知贡举，吏部尚书朱珪为会试正考官，都察院左都御史刘权之、户部侍郎阮元、内阁学士文宁为副考官。[①]

三月二十四日，己未科会试结束，"礼部以会试中额请，得旨，满洲取中六名，蒙古取中二名，汉军取中三名，直隶取中二十二名，奉天取中一名，山东取中十五名，山西取中十一名，河南取中十一名，陕甘取中九名，江苏取中十八名，安徽取中十三名，浙江取中二十二名，江西取中十八名，湖北取中九名，湖南取中七名，福建取中十一名，广东取中十名，广西取中三名，四川取中六名，贵州取中五名，云南取中七名"[②]。公这次会试考得第一百六十名。[③]

四月二十日，朝廷"以大学士王杰、庆桂，礼部尚书纪昀、右侍郎钱樾，工部右侍郎童凤三，内阁学士达椿、成书，都察院左副都御史陈嗣龙为殿试读卷官"[④]。

四月二十一日，"策试天下贡士史致俨等二百九人于保和殿。制曰：朕诞膺洪祚，统驭广轮，荷穹昊之祐申，缅祖考之彝训，兢兢业业，日昃不遑。恒思求帝王之法要，推修齐以致治平，挈刑赏之纲维，厘守令而宁黎庶。当生聚熙攘之后，虑粮莠之潜生，丰亨豫大之

① 《清实录》第二八册，第 475 页。
② 《清实录》第二八册，第 498 页。
③ 《姚氏家乘》卷五。
④ 《清实录》第二八册，第 520 页。

余，惧纷华之相耀。盖典学所以启化源，察吏所以培邦本，而豫防奸匪，禁止奢靡，尤所以保泰而持盈，均不可不亟讲也。顾明作在乎朕躬，而得失则听诸舆颂，多士讲习有素，当深知学问经济之源流。又来自田间，见闻最切，其各抒所见，毋泛毋隐，毋摭拾陈言，虚陈无用之论，朕将亲览焉。溯圣学之源者，必推精一危微十六言。然允执厥中，实为治世之枢要。古帝王不空言心也，《易》为尽性至命之书，四圣人之微旨存焉。而六十四卦之大象中，如云君子以，以者用也，非皆切人事言乎？而好语精微者，顾皆引之于心，然欤？否欤？孔门一贯之传，曾子得之，《大学》一篇，帝王之全体大用也。条目中节节各有其功力。而真德秀作《大学衍义》，乃略治平而不言，果操于一家之内，而国自治而天下自平欤？所谓帝王之学异乎儒生者，果安在也？闾阎之休戚，恒视守令之贤否。顾守令之中，为民计者十不二三，为己计者十恒七八。其有情迫势逼，激而上陈者，或曰恐启刁风，虽知其有据，亦不可不薄惩；或曰恐激众怒，虽不尽得实，亦不深究。各执成见，牢不可破，其何术使两得其平乎？悃愊无华之吏，诚不病民，然缓急或不足恃；强健有为之吏，诚足集事，然得志又或恣睢而横行，其何以各得其用乎？举劾不操之上官，非惟不持其柄，不足以驱策群力，且君门万里，其长短何由上达？全委之于上官，其覆辙又一一可数也，其何以核其真乎？天地之大，枭鸾并育，虽三代不能无奸民。奸民惑众，治之于已成，不如治之于未起，是诚然矣。然守土之吏，或轻忽视之，以为无害，则惧干谴咎，匿而苟安，不能豫杜其萌也。惟是平时察之不严，则不免养奸贻患；察之太严，则胥役借此以扰民，或反激而生变，何术而使不枉不滥也？密相勾结，伏莽伺隙者，当必有信使之往来，其何以侦伺之欤？非道非僧，非寺非观，无故聚集多人，必露行迹，其何以稽察之欤？兵役难保不通贼，贼难保不诡充兵役，又何以辨别之欤？此当今之切务，有所闻见，其具陈之。风会所趋，人情争向，太平日久，踵事增华，则奢丽生焉。此虽物力丰盈，故能相夸耀，然积而不返，亦非撙节养富之道也。惟是车裘服饰之细，实不能物物而稽，亦不能人人而察，必一一为之禁止，琐屑烦扰，恐不可行，其何以酌其中欤？冠婚丧祭，原有定制，然诗礼之族，或不尽循，里巷小民，尤不能尽齐。论者谓禁止靡丽，当自辨别等威始；辨别等威，当自士大夫始，是或一道欤？抑别有劝谕之术欤？以上四条，或理关学术之精微，或事切民生之利病，或为人心世道之防，或为利用厚生之本。多士通经致用，今当先资拜献之始，伫望谠言，冀资启沃，其咸体朕意，各抒嘉谟焉"①。公参加了这次殿试，其对策如下：

"臣对：臣闻明德为新民之本，厘工实熙绩之原，禁奸宄所以安善良，崇节俭所以保康阜。古帝王寅绍丕基，廑求上理，莫不敬修厥德，慎简庶僚，严匪僻之防，著奢淫之戒。是以万邦咸正，百度惟贞，国无莠民，野有善俗。《诗》曰：日就月将，学有缉熙于光明。《书》曰：任官惟贤才。《周礼》司寇以诘四方，《王制》司徒以齐八政。盖主德纯而酿化敷，臣工良而庶务饬，民无邪慝而海宇乂安，家有盖藏而群生和乐。国之所以久安长治，保鸿名而常为称首者，恃有此道耳。钦惟皇帝陛下，缵应大宝，振饬崇纲，本继志述事之心，广辟门达聪之益。固已万几兢业，刑赏兼施，九有会归，礼教咸被矣。乃圣怀虔巩，菲不遗，体至善之无穷，惟迩言之是察。进臣等于廷，而策之以崇圣学、肃吏治、靖奸民、慎俭德之至计。臣之愚昧，何足以裨高深。顾当先资拜献之时，敬念古者敷奏以言之义，敢不竭所闻以效刍

---

① 王炜编校：《〈清实录〉科举史料汇编》，武汉大学出版社 2009 年版，第 590—591 页。

尧之一得乎！

"伏读制策有曰：'溯圣学之源者，必推精一危微十六言。'臣以为执中与用中无二理也。《虞书》言人心道心，先儒谓二帝三王之心法，乃即二帝三王之治法也。盖道心存则用人行政皆得其正，而黎民致于变之休。人心祛则惰慢邪僻不能相干，而庶事著康哉之效。故如《周易》为尽性至命之书，而圣人系大象之词，则称君子，称先王，称大人，称后，称上，亦以其著诸人事者言也。孔门一贯之传，实具大学一书。其始格致而终治平实，节节各有其功力。后世言学而空语心性者，非笃论矣。宋真德秀作《大学衍义》，本为进讲之书，其意在于勖主德，故略治平不言。明邱浚又补成之，使谓能齐其家而国可自治，天下可自平，则义有所未备。昔人有德被一乡，化行一郡，及其身膺重任而誉望遂减者，岂非设施之有异哉！后世有裨主术者，如《大宝箴》《丹良箴》，或黜远声色，或分别贤奸，而总不外一中之用，则古帝王治世之枢要，洵非可以空言竟矣哉！皇上几康时敕，夙夜勤求，持小心抑畏之思，而见之于敷政口言之际。所谓以实心行实政者，又何难咸五而登三也哉！

"制策又以闾阎之休戚，视乎守令之贤否，而因求禁民安民之各得其宜，良吏能吏之各收其用，又推及于上官举劾之效。臣闻汉宣帝有言：庶民所以安其田里，而无叹息愁恨之心者，政平讼理也。与我共此者，其惟良二千石乎！又闻安静之吏，恂恂无华，日计不足，月计有余。是民之休戚实在守令，守令为亲民之官，果能养之以惠，使之以义，民无不爱其上者。至于情迫势逼，激而上陈，则顺之既易启刁风，惩之又虑于众怒，几无善术之可施矣。故欲杜其萌，则莫如使之爱上。欲民也爱上，则必先予之以可爱。至于安静之吏缓急不足恃，强健之吏恣睢又易行。欲求其各尽所用，则又在人地之相得。昔龚遂、黄霸、朱邑等以仁厚用而境内治，张敞、赵广汉、尹翁归等以强健称而境内亦治，其所处之地异也。若夫举劾之权不得不操之上官，上官之贤否又在于任用之得失，是黜陟所必慎耳。皇上自亲政以来，孜孜以澄叙官方为要务。大吏能体此以率属，守令能奉之以自行，又何有间阎之不并登于康乂耶！

"制策又以当今之切务在于奸民，而欲求治之于未起。臣以为民虽至愚，未有不爱其身家者。其或致激而生变，则必其衣食匮而生计竭也。治平日久，户口滋丰，生齿繁则财力难给，故必先使其富而后民兴于善。今守土之吏或不然，任意掊克，虽有失所而不顾恤，则众怒之势渐成。守土者知其有是而惧干谴咎，则隐忍而苟安。奸民见其罔所作为，愈肆意蔑法而无所畏忌。于此用侦伺之法，则党与未易动摇。恃稽察之勤，则胥役转滋扰累。求辨别之道，则兵役皆非可深恃之人。故已成而治之，其势实难。而欲治之于未起，亦非能以权术御也。宋臣苏轼有言：任法不如任人。窃以为吏治肃而民自宁，故探本之图仍在察吏。至于防民之道，盛世所不废。《王制》有左道之诛，《周官》有奇邪之禁，示之以义而民知向方，怵之以刑而民知畏罪。且必先使之遂其生，而民愈有以自爱。所谓治之于未然者，如此。今墨吏日就剔除，当必有实力行之而获效者矣。

"制策又以风会所趋，人情争向，太平日久，踵事增华，则奢丽生焉。因患有以禁谕之，此诚樽节养富之要道也。臣闻《逸周书》云：'不为骄侈，不为糜泰。'其戒劝诚在有位者。然风俗之攸关，亦即在是。物土之所产，民力之所入，省啬而用之，则积久可以有赢，一日而耗之，则竭厥犹将不继。故奢丽之习，不可不大为之防。然车裘服饰之细，必一一为之禁止，则烦扰而民必有所难安。冠昏丧祭之礼，既事事示以等威，更琐悉而民亦难于遍喻。此诚宜有以善其用者。要之上行下效，其权实在上。王者不宝金玉，则捐金于山，沈珠于渊矣。齐桓公好衣紫，则国俗为之变矣。《礼记》云：'国奢则示之以俭。'士大夫以奢丽相尚，而欲使小民之胥安敦朴，其势必不能。士大夫以恭俭相高，而犹有小民之过事纷华，其意且不适，则不待禁止劝谕而可以日返于淳者。我朝法制周详，民知向化，惟因物产丰豫而风俗渐奢。诚示之以搏节之方，则淳朴可复，而民生益阜矣。

"凡此者，典学为致治之基，择吏握安民之要，正人心以维世道，爱物力以裕民资，体用兼该，内外咸理，实治道之至大者。臣尤伏愿皇上，大德日新，九功时叙，治平奏而不忘夫敬畏，举措当而益慎于登崇。庶民悉徇于驯良，海内愈跻于康裕。我国家亿万年有道之长在是矣。臣草茅新进，罔识忌讳，干冒宸严，不胜战栗陨越之。臣谨对。"①

【按】据《天下第一对策——历代状元殿试对策观止》，公殿试时，"还有个小插曲，差点埋没了他。原来，秉性刚直的姚文田得罪过一个协办大学士，这个大学士便把他的殿试对策偷偷藏到没做完题的试卷中间，好在其他阅卷官平时对姚文田印象不错，就到处查找他的卷子，终于找到了，并放进前十名呈递嘉庆皇帝。嘉庆看完前十名殿试试卷，觉得姚文田的卷子明显超出其他人。便毫不犹豫地拔为第一"②。

---

① 转引自李维新主编：《天下第一策——历代状元殿试对策观止》，中州古籍出版社1998年版，第524—528页。
② 李维新主编：《天下第一策——历代状元殿试对策观止》，中州古籍出版社1998年版，第529页。

四月二十四日，"癸丑，赐一甲姚文田、苏兆登、王引之三人进士及第，二甲程国仁等七十四人进士出身，三甲赵敬襄等一百四十三人同进士出身"①。同年登第的湖州学子有归安毛谟（1774—1827）、张师泌（1774—1827），德清许宗彦（1768—1818）、陈斌（1757—1823），长兴张鳞（？—1835）。②

五月初一日，署理吏部尚书魁伦向嘉庆皇帝呈文《题为会议本年己未科一甲一名进士姚文田等员例授翰林院修撰等职事》。③

五月初三日，"授一甲一名进士姚文田为翰林院修撰，二名进士苏兆登、三名进士王引之为翰林院编修"④。

五月初四日，公等新科进士被引觐见嘉庆皇帝。《清实录》云："引见新科进士，得旨，一甲三名，姚文田、苏兆登、王引之，业经授职外，程国仁、汤金钊……"⑤

七月，公撰《先妣沈宜人家传》⑥，缅怀慈母。

是年，公由中书舍人改官翰林，与修《高宗纯皇帝实录》，并为云南楚雄知府包敏《春秋大事表序经》一书作序。公在《春秋大事表序经序》一文中曰："嘉庆己未岁，文田由中书舍人蒙恩改官翰林，与修《高宗纯皇帝实录》……文田自初设馆至藏事，实皆与焉。"⑦他参与了《高宗纯皇帝实录》编修的全过程。

是年，公父姚益治结束"橐笔走四方"的生活，回归家庭。公在《先府君行状》中写了其父橐笔游幕的情况："呜呼，自文田生甫一周

① 《清实录》第二八册，第 522 页。
② 参见沈文泉编著：《湖州名人志》，杭州出版社 2009 年版，第 227—228 页。
③ 中国第一历史档案馆藏，档号：02-01-03-08328-019。
④ 《清实录》第二八册，第 532 页。
⑤ 《清实录》第二八册，第 532 页。
⑥ 《邃雅堂集》卷之三。
⑦ 《邃雅堂集》卷之二《春秋大事表序经序》。

而大父即世，我府君贫不能自立，则遂橐笔走四方。迨文田得官中书，然后归而息焉……府君薄游于外者几四十年，每一念此，未尝不尽伤心也。府君少勤学，年弱冠得咯血疾，比升于庠，仅三应省试，为贫故，弃诸生以游。……所与游，罔非正人。后历参大府幕，视公事一如家事，每鸡鸣即起，秉烛理案牍，虽细务，心无敢不尽，以此为时所敬。礼钱塘憩园王公，初以县贰需次金陵，遇府君于逆旅，一见辄倾重，招与之同馆焉。时王公亦困甚，两人常易衣而出。其后王公以清厘江南全省积案，膺大吏荐，由江阴丞擢宰甘泉，晋守徐州，再晋苏松粮储道，寻司苏臬，至开藩金陵，前后二十年间，事无巨细，一以咨府君，倚如左右手，亲爱过于昆弟。今其诸子官河工、江防、司马者，皆以父事府君，故文田亦俱弟畜之也。王公既没，府君一从今直督方公于畿南，闻吾母沈夫人丧归。再应苏藩张公聘，自此不更出矣。"[1]

是年，公与严可均有一场"太初元年甲寅丙子之争"。严可均《太初元年甲寅丙子说》云："姚氏主（唐）一行说，以为从丙子上推二百四十三章，四千六百一十七岁，得上元本星度。以甲寅起元，非以甲寅为太初元年年名。

"余谓不然，十九年为一章，章不无盈余，积二百四十三章而章差，未可以推太初术也。孝武于甲寅年下诏称年名焉逢摄提格，何得云非年名？当太初造历时，邓平、落下闳等亦精推算，何至非甲寅而称甲寅？况《历书》有褚少孙《历术甲子篇》，起太初元年甲寅，迄孝成建始四年己巳，凡七十六年。彼在建始时称建始，年名不容有误，犹今嘉庆四年，岁在己未，无端而改称丁酉，岂不失心病狂哉！司马

---

[1] 《邃雅堂集》卷之四。

贞《索隐》言此甲寅之年，而《汉志》以为其年在丙子，当是班固用《三统》，与《太初历》不同，故与太史公说有异。小司马虽未晓太初术，其言不误。盖《太初》自为甲寅，《三统》自为丙子，《汉志》依《三统》追改甲寅为丙子，而不明言追改，犹《史》《汉》追改太初已前建亥之春正月为冬十月，不明言追改也。（按太初元年起冬十月，迄十二月，凡十五月，《史》《汉》无其事以实之，亦不明言。）然而甲寅与丙子得成两是，余未能遽通其说。蓄疑旬日，叶氏绍本从姑苏入都，语余曰：'钱氏大昕尝推得之，古者以太阴纪年，《淮南子》太岁常在太阴后二次。'余始恍然，知甲寅、丙子之异而同也。太阴从寅起，太岁从子起，左行于地；岁星从丑起，右行于天。太阴在寅，则太岁在子，岁星在丑。太阴在卯，则太岁在丑，岁星在子。太阴在辰，则太岁在寅，岁星在亥。其余如法推算……

"夫太阴、太岁皆与岁星相应，有名无形，非可目验。可目验者，岁星亦无甲寅、丙子之题勒款识，任历算家之称谓焉耳。是故以太阴纪年为甲寅，以太岁纪年为丙子，丙子以冬至起算，丁丑以立春起算。历本同条共贯，自从翼奉以太阴当太岁，刘歆因之废太阴，而甲寅遂为丙子，复不以冬至起算。以立春起算，而丙子遂为丁丑。以迄于今，沿用丁丑，亦颇简捷。向使《三统》明著沿革之由，则甲寅、丙子之异而同，人人共喻矣。所以不明著者，歆阿莽意也。莽移汉祚于寡妇孤儿手，事多暗昧，历用《三统》，仍假太初为名十余年。汉兵诛莽又六十三年，是为元和二年，始改用《四分》。前此皆用《太初》，实皆《三统》。孟坚撰《志》，以《三统》当《太初》，于是东汉议历者承用班说，皆言汉初承秦历，用《颛顼》，元用乙卯。孝武始改正朔，历用《太初》，元用丁丑。晋司马彪《续汉志》亦言太初元年始用《三统历》，与一行所言秦《颛顼历》元起乙卯、汉《太初历》元起丁丑推而上之皆不值甲寅者，如出一口。大率移后蒙前，显与孝武诏、《甲子篇》违背，而太阴竟长夜矣。余故通其说，俾后之读《史》《汉》者知甲寅、乙卯、丙子、丁丑之异而同焉。

"姚氏难曰：'如吾子说，从甲寅上推下推，仍不值甲寅。'对曰：'《续汉志注补》引《乐叶图征》，以四千五百六十为纪，甲寅穷。宋均注："纪即元也。四千五百六十为甲寅之终。"又引《韩子》：四千五百六十岁为一元，元中有厄，故圣人有九岁之畜以备之。四分元法，亦四千五百六十。《太初》将毋同，同则上推下推皆值甲寅。《三统》经岁四千五百六十、灾岁五十七，加灾岁于经岁外，以四千六百一十七岁为一元。于是上推下推，皆不值甲寅。孟坚不晓历算，径以《三统》追改《太初》，故有"前历上元、太初四千六百一十七岁"之语。后人误据《汉志》，从丙子如数推之，遂不值甲寅。实则太初元法，未必如孟坚所云也。'于是姚氏语塞，无以复难也。"①

约是年，公作有《拟从军行》诗。②

约是年，公致书秦小岘，请其为《课儿图》作记。

【按】公《与秦小岘廉使书》云："文田顿首，小岘先生执事：文田年及无闻，忝窃微禄，所蠚然痛心者，惟先宜人之训诲勤笃，早见捐弃，不获尽一日之养。又材质庸下，不能有所成立，以仰承遗训，实用私恨。尝倩人作《课儿图》，前以闻于先生，并乞为之记。荷蒙垂允，感甚幸甚。"又云：

---

① 严可均：《严可均集》，孙宝点校，浙江古籍出版社2013年版，第149—152页。
② 《邃雅堂集》卷之八。

"文田兄弟六人、女弟二人。"①《论语·子罕》曰："四十五十而无闻焉，斯亦不足畏已。""年及无闻"，当指四十岁至五十岁之间。姚文田于嘉庆四年（1799）四十二岁时进士及第，得授翰林院修撰，所谓"忝窃微禄"。而姚益治第七子姚加橡生于嘉庆六年（1801）。故推断此书作于嘉庆四年至五年之间，暂系于此。

秦小岘即秦瀛（1743—1821），小岘为其字，晚号遂庵，江苏无锡人，乾隆四十一年（1776）举人，授内阁中书。嘉庆间官至刑部右侍郎，为官勇于任事。著有《小岘山人诗文集》三十四卷和《淮海公年谱》等。

嘉庆五年，庚申，公元 1800 年。四十三岁

春，公有《书无锡华鸿山学士六十言怀诗卷后》《题王通守澧〈南浦归帆图〉》《送冯掌科培前辈养疴旋里》《送费员外锡章之关中》《近事》等诗五首。②

【按】《书无锡华鸿山学士六十言怀诗卷后》诗中有自注"文田失恃十年，诵公诗，蠹然感痛。"公三十三岁丧母，故知作于是年，又因这些诗编在《庚申春夏之交，京师亢旱多风，有旨省刑狱，既而有大雨》前，故系于此。

冯培，浙江仁和（今杭州）人，字仁寓，一字玉圃，号

---

① 《邃雅堂集》卷之二。
② 《邃雅堂集》卷之八。

实庵。乾隆四十三年（1778）进士，官户科给事中。归后掌教苏州紫阳书院。晚好《易》，自号读易翁。有《岳庙志略》《鹤半巢诗存》。

《送费员外锡章之关中》中有"少小论交心迹在"句，得知公与费锡章从小就是好友，后又一起供职军机处，情深意厚。费锡章赴任关中时，严可均也有诗相赠，题曰《红毛刀歌送费员外锡章之秦军》①。

费锡章（1752—1818）字焕槎、西墉。归安（今属湖州）人。清乾隆四十九年（1784）帝南巡召试，中举人，授内阁中书，任军机章京。历起居注官、户部贵州司主事、陕西司员外郎，改江西、河南、四川、京畿诸道监察御史，巡视通漕。擢吏科给事中，巡视北城。转工部掌印给事中。嘉庆十九年（1814）奉诏册封琉球中山王尚灏，坚辞礼银五千两，为时所称。使归，升鸿胪寺少卿、光禄寺少卿、通政副使。后历光禄寺卿、太常寺卿、顺天府尹，卒于任。赠兵部侍郎。著有《治平要略》《赐砚堂诗存》《一品集》《使黔集》。② 近年来考证得知，费氏是嘉庆十三年（1808）而非十九年奉诏以副使身份册封琉球中山王尚灏，其著作《赐砚堂诗存》已佚，《一品集》为二卷，《使黔集》为一卷，另有《续琉球志略》五卷。其故居存志堂今尚存，在湖州市南浔区菱湖镇王家门前6号、8号。

---

① 严可均：《严可均集》，孙宝点校，浙江古籍出版社2013年版，第39页。
② 沈文泉编著：《湖州名人志》，杭州出版社2009年版，第290页。

春夏之交，京师久旱多风，公随嘉庆皇帝视察刑狱，遇大雨，赋诗《庚申春夏之交，京师亢旱多风，有旨省刑狱，既而有大雨》一首。①

五月初九日，公充广东乡试正考官，内阁中书汤谦为副考官。②出发后，公沿途有诗《自雄县至赵北口》《经旧县》《薄暮抵滕县谒滕文公祠》《桃山驿谒岳忠武祠》《往岁河决睢宁，水自宿州过灵璧，注洪泽湖，余行役过此，弥望汪洋，田庐皆为巨浸，感叹有作》《宿州》《渡淮题驿舍壁》等首。③

【按】姚文田在二十余年宦海生涯中，曾多次出任学政和主持乡试。据清代梁章钜《楹联续话》记载，姚文田每到一省主考举人，都要试院门口题这样一副对联，告诫考生不得作弊，诚实应考："科场舞弊，皆有常刑，告小人毋撄法网；平生关节，不通一字，诫诸生勿听浮言。"④

《自雄县至赵北口》诗末有"故乡风景似，归计怅前程"句，下有自注"自京至粤，可道浙中，以格于例不得归省"，表达了公的思乡之情和受制于规定的无奈。雄县今属河北省雄安新区，赵北口镇今属雄安新区安新县。

六月，公赴广东典试道经桐城，遭遇水灾，百姓受灾惨烈。公《赣县水灾记》有云："前此六月间，行抵桐城时，亦以蛟害冲刷民

---

① 《邃雅堂集》卷之八。
② 参见《清实录》第二八册，第895页。
③ 《邃雅堂集》卷之八。
④ 梁章钜：《楹联丛话》，郭琳校点，鹭江出版社1996年版，第182页。

居，死者数百人，民方扫除崩圮，父哭子，妻哭夫，行路见之，以为伤悼。"①

立秋前一日，公作《立秋前一日次护城驿作》诗一首。②

立秋日，约六月十八日，公途经废梁县，赋诗《过废梁县》一首。从前一天所作诗起，当为公南下赴广州典试途中所作，另有《薄暮渡桃溪，时淫雨暴涨，桥渡尽没》《宿小池驿》《题黄梅徐明府鑅庆〈两歧粟图〉》《清江镇守风至杨二尹正邦署中晚饭》《杨三正邦以州同知入楚，需次十二年，驰驱戎马，艰苦备历，今秋始借补黄梅丞，余于役过清江镇，乃履任之次日，喜得相见，又叹其遭际之难，渡江次日却复简寄》《峡江夜渡》《泰和县见表侄邹宇春》等诗七首。③

【按】"二尹"是清时对县丞的别称。

七月十五日，公途经赣县时为洪水所阻，目睹了赣州洪灾的惨烈。他在作于嘉庆十三年（1808）七月初一日的《题沈小如观察〈津门拯溺图〉后》一文中写道："嘉庆五年，岁在庚申，余奉命典试岭南。七月十五日行次赣州，时淫雨盛行，未及暮，宁都蛟水骤至。赣城西北倚山为固，居民争走上山，其东南雉堞皆沦于水。于时江流拍天，人民庐舍飘荡于洪涛骇浪之中者至不可算计。自监司以下，奔走叹息，有泣下者，而卒无术以援救之，如是七日夜，然后止。余生平见灾黎之惨，未有逾此者。后闻大吏奏报议赈者，仅千余人。呜呼！夫安知

---

① 《邃雅堂集》卷之三。
② 《邃雅堂集》卷之八。
③ 《邃雅堂集》卷之八。

其逐波臣而葬鱼腹者尚百倍于是也。"①与此同时，公有感于此次赣县水灾之烈、之惨，撰《赣县水灾记》②一文，并作《赣县阻雨》③诗一首。

七月二十日，白露，公因雨在赣县滞留五天后继续漫游，并赋诗《发赣县作，是日白露节，时因宁都大水，赣州水及女墙，滞留五日》一首。此后一路有诗，为《度梅岭》《曲江夜泊》《曲江道中》《题观音岩用汤舍人谦度梅岭诗韵》《晚泊峡山寺，登带玉堂，观飞泉，寻达摩谈经处，瞰钓台而返，东西两峰胜处未得尽历，作此付住持，以期后至》《出中宿峡至清远县》等六首。④

秋，公到任广东后，广东学政万承风（？—1812，字和圃）在学署设宴欢迎。后游"光孝菩提"（南宋"羊城八景"之一），观印度高僧智药三藏禅师亲手种植的菩提树。

【按】公诗《粤东学使公廨南汉时宫苑也，池中九曜石其遗迹，左一石有米海岳书"药洲"二字，余皆名人题刻，大兴翁覃溪先生三任提学，搜剔考正，摹勒屋壁，于其归，又绘〈药洲图〉，用识思忆，余差竣北旋，先生出旧图自题索和，即次元韵》自注云："余庚申典试入粤，万和圃前辈招饮于此，次年即有视学之命。"又有自注云："智药手种菩提树在光孝寺，余庚申入粤犹见之，次年为飓风拔去。"⑤

智药三藏，天竺僧，南朝梁武帝天监元年（502）自西印

---

① 《邃雅堂集》卷之二。
② 《邃雅堂集》卷之二。
③ 《邃雅堂集》卷之八。
④ 《邃雅堂集》卷之八。
⑤ 《邃雅堂集》卷之九。

度到广州，于法性寺（今光孝寺）求那跋陀罗所建戒坛前，亲植菩提树一株。光孝菩提树相传是中国第一棵菩提树，自古盛名远扬，南宋时为"羊城八景"之一，名曰"光孝菩提"。今岭南各佛寺内种植的菩提树，都是光孝菩提的子孙后代。

秋，公典试粤东，在良乡（今属广东省肇庆市高要区）遇雨，作《良乡遇雨时奉命典试粤东》诗一首。①

【按】诗末有"秋风茅屋下，定有咏歌人"句，知是秋季。

秋，公友严可均参加顺天乡试中举，但次年参加会试落第，从此不再应试，潜心治学。

【按】严章福为《铁桥漫稿》所作序云："伯兄名可均，字景文，号铁桥，姓严氏，乌程人，初名万里，为归安学生。乾隆末游学京师，以宛平籍应嘉庆庚申顺天乡试，举进士不第，改还本籍。"②严章福将严可均的寄籍大兴县作宛平县，误。

《清史稿·严可均传》云："严可均，字景文，乌程人。嘉庆五年举人，官建德县教谕，引疾归。"③

---

① 《邃雅堂集》卷之八。
② 严可均：《严可均集》，孙宝点校，浙江古籍出版社 2013 年版，第 414 页。
③ 转引自严可均：《严可均集》，孙宝点校，浙江古籍出版社 2013 年版，第 416 页。

十月五日，公回到曲江，太守章铨、县令余元焘邀请公登九成台，并设宴款待。宴毕返回舟中，公赋诗《十月五日归道曲江，章太守铨、余明府元焘招登九成台夜宴，还舟作此简寄》一首。后沿途又有《九江晓渡》《萧山汪氏双节诗》《题汪庶子学金前辈〈静崖图〉》诗三首。①

【按】汪学金（1748—1804），字敬箴，号杏江，晚号静崖，江苏太仓人。生而颖奇，八岁能诗，弱冠即有文誉。乾隆四十六年（1781）探花，而其父汪廷玙（1718—1783）为乾隆十三年（1748）探花。父子同为探花，传为佳话。学金初授翰林院编修。嘉庆四年（1799）召修《大清高宗纯皇帝实录》，旋典江西试。擢中允。明年，升侍读，充文渊阁校理、日讲起居注官。年未五十引疾归里，结诗社，选编《娄东诗派》二十八卷。著有《井福堂文集稿》十卷，《静崖诗初稿》十二卷、《后稿》十二卷、《续稿》六卷。②公年轻时多次去娄东，后又一同与修《大清高宗纯皇帝实录》，与汪学金交谊甚厚。

十二月初二日，公向朝廷上《奏为典试粤东揭晓返京恭复恩命事》③，报告胜利完成典试广东任务。

是年，由雷州府学教授刘世馨编，陈昌齐鉴定，陈复道、贡生陈斯模同校的《雷祖志》重修本编纂完成，公应陈复道等人之请，为该

---

① 《邃雅堂集》卷之八。
② 陆钟其：《太仓老名宦》，上海文艺出版社 2022 年版，第 262—263 页。
③ 中国第一历史档案馆藏，档号：04-01-13-0133-014。

志作序。嘉庆七年（1802），该志刻成。

【按】公《雷祖志序》云："雷州之有雷祖卵而生震，而出翼，而为神，其为一方御灾捍患功甚著，故自有唐讫于我朝，咸加尊秩，展祀勿替。其后人陈复道等乃纂辑事迹成志，来乞余序。"①

年底，公因好友赵怀玉赴任青州海防同知，赋《送赵舍人怀玉前辈出为青州司马二首》为其送别。②

【按】赵怀玉（1747—1823），字亿孙，江苏武进人。乾隆中召试举人，授中书。久之，出为青州府同知。以忧归，终于家。性坦易，工古文辞，著有《有生斋文集》。③

第一首诗中有"休暇屡过从，谈笑辄移景"句，可知公与赵怀玉交往甚密。又从"廿年改一官"句推测诗作于是年年底公从岭南返回京师以后。赵怀玉于乾隆四十五年（1780）赐举人，授内阁中书，二十年改官青州海防同知，即在此年。

公在第二首诗末云："吾祖昔作宰，亦此领繁剧。尸祝在里阊，惠政流贞石。及兹巳百年，人民几更易。烦公搜志乘，为我访遗迹。"公忆及先祖在山东为官的往事，拜托赵氏到青州后注意查阅地方史志，寻访与先祖有关的资料和遗迹。

---

① 《邃雅堂集》卷之二。
② 《邃雅堂集》卷之八。
③ 《清史稿》卷四百八十五。

嘉庆六年，辛酉，公元 1801 年。四十四岁

二月十一日，安徽青阳知县段中律去世。后公应弟子、段中律孙段坼之请，为撰《青阳县令段君墓表》。[①]

【按】据墓表，段中律（1723—1801），字叶六，号溯伊。河南偃师人。乾隆十五年（1750）举人。乾隆三十七年（1772）以大挑一等授安徽青阳知县，在任九年，颇有惠政。告老归，以学训子弟。安徽巡抚归安闵鹗元（1720—1797）评价其："谨身奉法，勤政爱民，此可为居官者法。"

四月廿五日寅时，公同父异母之三弟加椽生。[②]

五月十二日，公充福建乡试正考官，刑部员外郎吴于宣为副考官。公在《辛酉科福建乡试录前序》中写道："臣窃惟成周之制，乡大夫于三年大比，考其德行道艺而兴贤者能者，法至备也。今之取士者，艺而已矣。然道德实出乎其中，其人宽易正直，则其言必纯粹和平；其人通达事理，则其言必剀切明著。若乃骋浮华务剽窃，望而知为浅薄之器。至于诡遇苟合，其所以为心术之患者，更不可究诘也。故论文如入五都市，其百物良楛具陈，慎其所择而使之知所趋向，是在校士者矣。校士之道又如射，然必先定其墰的，然后中否可以立决。"[③] 可见公在督学取士时，不仅重"艺"，也很重"德"，重视士子们的道德人品。

---

① 《邃雅堂文集续编》。
② 《姚氏家乘》卷五。
③ 《邃雅堂集》卷之二。

【按】《清实录》"嘉庆六年五月"记载："丁亥夏至（五月十二日）……以……翰林院修撰姚文田为福建乡试正考官，刑部员外郎吴于宣为副考官。"①

八月初八日，提督广东学政。②公携夫人赴任，同时邀请表叔张镜湖同往。南下岭南途中作有《度仙霞岭》二首、《雨后至马岚见李太史鼎元前辈题壁》一首。③

【按】公《题红蕉阁主人遗照》云："辛酉，从予于粤东。"④公为张镜湖所撰的《烟波钓叟图序》云："岁辛酉，余奉命视学粤东，招君与偕赴，又尝涉海至琼山。比岁则入闽，从叶香海司马游。"⑤

仙霞岭在浙江省江山县保安乡境内，最高海拔为1413米，是仙霞山脉的主峰。

李鼎元（1749—1812），字味堂，又字和叔，号墨庄。绵州（今四川绵阳）人。乾隆四十三年（1778）进士，选授翰林院庶吉士。散馆授翰林院检讨，充内阁中书。李鼎元曾漫游各地，每过名山大川，必借吟咏以抒发抑郁无聊之气，故其诗特多登临凭吊之作，有《师竹斋诗文集》十四卷。

八月至十月，公主持福建乡试既毕，即赴任广东学政，途中撰就

① 《清实录》第二九册，第82页。
② 参见《清实录》第二九册，第132页。
③ 《邃雅堂集》卷之八。
④ 《邃雅堂集》卷之三。
⑤ 《邃雅堂集》卷之二。

《学易讨原》一卷。

【按】公自述称："嘉庆辛酉八月，文田奉命典闽省，试事既彻棘，即承恩简视学粤东。闽至粤二千二百余里，邮程迢递，孤寂无事，因忆昔年学《易》而似有得者，分条暗自诠次，薄暮抵逆旅，则索烛书之，凡得一十二则，名之曰《学易讨原》。"①

九月，公在泉州拜谒蔡忠惠祠，凭吊蔡襄，赋诗《万安桥谒蔡忠惠祠》一首。后又有《自闽入粤，道经泉漳，潮惠诸郡，感事述怀》一首。②

【按】《石安桥谒蔡忠惠祠》诗中有"我来九月风正厉"句。蔡襄（1012—1067），字君谟，兴化军仙游（今属福建）人。宋天圣八年（1030）进士，官至端明殿学士。为北宋著名政治家、书法家。南宋初，追谥"忠惠"。嘉祐三年（1058），蔡襄知泉州，在泉州主持建造万安桥（后改名为洛阳桥），并亲自撰书《万安桥记》。洛阳桥今属福建省泉州市洛江区，为全国重点文物保护单位。蔡襄祠为缅怀蔡襄所建，位于洛阳桥南侧，始建于宋，历代屡有重建重修。

十月，公行至广东惠州，作《人事行》一首怀念曾被贬潮阳的韩

---

① 《邃雅堂学古录》卷之一。
② 《邃雅堂集》卷之八。

愈和被贬惠州的苏轼等先贤，又作《望罗浮山》一首。①公老友汤谦山到蓝天行馆拜访公。

【按】公《汤谦山遗文序》云："予自嘉庆辛酉岁由福建正考官即拜督学广东之命，十月行次惠州，君来谒予于蓝田行馆，盖二十有七年矣。"②

汤谦山，即汤志尧，字翼善，号谦山，汀州（今属福建省长汀县）人。博学嗜古，嘉庆己未（1799）进士，补直隶永元县知县，旋致归。精中西之学，有《谦山文稿》。③

十月，归安县重建节孝祠成，公为撰《重建归安县节孝祠碑记》。④

【按】公在此文后记曰："是文既属草见者，以未归美邑令，故用他作，又记。"因公没有在这篇碑记中赞美当时的县令，故节孝祠勒碑时用了别人的作品。归安县节孝祠的重建时间和公此碑记的撰写时间不详，笔者遍查同治《湖州府志》和光绪《归安县志》均不得。"嘉庆六年十月"的时间由美籍华人学者王华儿提供，但有待进一步查考，暂系于此。

十月，公到广东学署。学署为周敦颐（字茂叔，1017—1073）熙宁三年至四年（1071—1072）在广东提点刑狱时的故居。公在《粤东

---

① 《邃雅堂集》卷之八。
② 《邃雅堂文集续编》。
③ 参见包树堂编纂，福建省文史研究馆整理：《汀州艺文志》，方志出版社 2010 年版，第 302—303 页。
④ 《邃雅堂集》卷之三。

试院六咏·辟圃》诗中云"茂叔窗前草不如",并自注云"使廨为周子提刑粤东时故居"。为做三年工作生活于此的长期打算,公亲自整理学署,新开辟了两亩多的园林,疏浚水池,引越秀山之山水入池,将倒伏在淤泥中的九曜石扶植池中,种上梅花、竹子。公在《粤东学使公廨南汉时宫苑也,池中九曜石其遗迹,左一石有米海岳书"药洲"二字,余皆名人题刻,大兴翁覃溪先生三任提学,搜剔考正,摹勒屋壁,于其归,又绘〈药洲图〉,用识思忆,余差竣北旋,先生出旧图自题索和,即次元韵》诗中自注云:"辛酉冬,疏池三尺许,得泉脉二于亭之左右,旧石仆者植之,育鱼以百数,池畔种梅四梨一。"① 此外,公还将靠近厨房的梧桐树移植到水池的东边,呵护好连理树,并作《粤东试院六咏》记其事,内有《辟圃》《疏池》《种石》《移桐》《补花》《护树》六首诗。② 其中《护树》诗云:"抱质幸无斤斧伐,储材应作栋梁资。可知不是无情物,辛苦栽培敢自迟。"表达了自己要在岭南"辛苦栽培",为国家培养感恩报国的"栋梁"之才的决心。

【按】公有《余于辛酉十月奉使粤东,时叶香浦观察甫卸臬事,将谋北归,及余差竣入都,香浦已陈情改就京秩,僦居海波寺街之古藤书屋,竹垞先生故居也,因用〈曝书亭集〉次查二嗣璩留宿元韵即赠》诗,明确其于是年十月到任广东学署。

十二月,公题写"濂溪遗址"四个楷书大字,并勒于碑。此碑石

① 《邃雅堂集》卷之九。
② 《邃雅堂集》卷之八。

今仍存，在今广州市越秀区药洲遗址入门处左侧。碑右有小字"嘉庆辛酉十二月"，左有小字"后学姚文田书"。

是年，公在广东因好友黄石轩而得交海阳知县黄东井。

【按】公《石轩诗钞序》云："后闻石轩卒于京师，为恒伤者旬日。又十三年而余奉使粤东，时东井方宰海阳，余以石轩得交于东井。"①黄东井即黄定文，字仲友，东井为其号，浙江鄞县（今宁波市鄞州区）人，乾隆四十二年（1777）丁酉科举人，官扬州同知，著有《东井诗钞》。

约是年，公为曾一同应童子试的沈昆贻所撰《诗经匡说》一书作序。

【按】公《诗经匡说序》云："昆贻余中表兄，束发时偕应童子试。后余南北奔走，不见者几三十年。读其书，又悲其老而不遇也，故亟为序之如此。"②清朝以前，汉族男孩成童时束发为在髻，约在十五岁。"束发时"即指约十五岁时，"几三十年"即几近三十年的意思，故系于此。

嘉庆七年，壬戌，公元 1802 年。四十五岁

正月，公邀请在广州的乾隆己酉科同年聚饮，畅叙友情。

① 《邃雅堂集》卷之二。
② 《邃雅堂集》卷之二。

【按】公《重刻己酉同年齿录序》云："余前视学粤东，
洎后之大梁，每岁首必集省垣诸同年为尊酒之会。是日不论
官阶，惟以齿叙，必宾主尽欢乃罢。往岁至江南，以廨舍僻
处江阴，遂不复有斯举。"①

正月，公应桐乡已故同年皇甫香畴弟子丁士咸等人之请，为皇甫
氏遗文集作序。

【按】公《皇甫香畴时文序》云："嘉庆壬戌正月，余方
奉恩命视学粤东，君弟子丁士咸等缉其遗集以来丐序于余。
余甚喜诸君之能有是举。……读既竟，亟书此数语归之，以
期其速成事。"②

约春季，公迎父入住广东学政官署。公《先府君行状》云："文田
试诸郡归，所录卷必索亲阅。一日，阅稍多，猝眩仆，几至不测。后
众皆劝止，府君曰：'我无他，视取舍公否耳。'学政责在训士，粤俗
嗜利，喜构讼，文案常填委，府君亲为剖决。文田莅任甫两月，府县
详褫者至七十余人，后更三年乃不及半，其教令皆出府君手也。"

【按】公《先府君行状》云："任广东学政后数月，始迎
府君至粤署。"公于上年十月到任广东学政，故系于此。

---

① 《邃雅堂文集续编》。
② 《邃雅堂集》卷之二。

夏，公邀严可均到广东香山县丰山书院讲学。[1]严可均在丰山书院一直讲学到嘉庆九年（1804）姚文田任期届满，才随姚文田返回京师。其间，严氏有《丰山书院题壁》诗一首，云："飞蓬踪迹语优亚，岁岁年年客是家。但觉海天元旷荡，不知人世有揸拿。一潭清水美于酒，满院碧苔笼似纱。欲买老奴髯蛞蝓，伴余烧烛诵南华。"[2]在广东期间，"他相继从《道藏》及唐宋类书中辑出《公孙龙子》《尹文子》《鹖子》《关尹子》《老子》《新语》等典籍佚文，《唐石经校文》《说文声类》《群书引说文类》等书也相继在丰山书院刻板印行"[3]。

秋，公视学广东高州、化州等地，有《题高州杜太守安诗〈晚凉洗马图〉》《化州杨刺史元藻见惠橘红并示〈辨橘红歌〉，言产于州廨西圃者，世称老树，气味芬甘，服之能益人，虽州人亦不易得，然实皆柚也，余亲验之，信然，作此答谢》等诗。[4]

【按】前诗有"落日南池上，招邀记胜游。晚荷临浅渚，疏柳入清秋"句，知时在秋季。高州即今高州市，化州即今化州市，均属广东省茂名市。

是年，公在巡视高、雷诸郡，道出新兴县时，应县上官吏和绅士之请，视察文昌桥。此桥为明代新兴知县王民顺始建，公七世祖姚舜牧公于万历二十一年（1593）重修，时任新兴知县沈宝善于是年再修。拜谒桥东祭祀王、姚、沈三位知县的三公祠，"又捐金百付首事，增置

① 参见李士彪、吴雨晴：《辑佚大家——严可均传》，浙江人民出版社 2008 年版，第33 页。
② 严可均：《严可均集》，孙宝点校，浙江古籍出版社 2013 年版，第 75 页。
③ 严可均：《严可均集》，孙宝点校，浙江古籍出版社 2013 年版，"前言"，第 4 页。
④ 《邃雅堂集》卷之八。

田为岁修用",并撰《新兴县文昌桥三公祠记》。

【按】公《新兴县文昌桥三公祠记》云:"今天子御极之七年,闽人沈君宝善来官斯土,与邑绅士谋是新,尽易木,以石为久远计。成之日,适余奉命视学粤东。邑中人怀其德,于其桥东建三公祠以祀王公及先府君,而生祠沈君以配,因来丐文于余。又以余巡视高、雷诸郡,当道出新兴,求至其处而征实焉。余既瞻拜祠下……余忝先人遗绪,又服官是邦,是亦当成先志者也。为告于县清出其租之旧存者,又捐金百付首事,增置田为岁修用,遂并书之石,以垂永久云。"①

是年,公为长子培宣娶亲,儿媳为常州恽氏。公在《题红蕉阁主人遗照》文后,对这位儿媳妇有这样的记述:"长妇恽,常州人,太学生敩女,四龄失母,育于伯父瑞金令讳敬者,遂为瑞金公女。瑞金与先仲兄乡举同年,予因与交甚厚,两家缔姻所由来也。妇归予家十七年,视舅姑如父母,视叔娣如弟妹,秉德淑顺,殆由性成,宽而俭,文而有礼,子女读书,皆其亲授。"②

【按】公《题红蕉阁主人遗照》撰于嘉庆己卯年(1819)十二月,据"妇归予家十七年"推断,恽氏当于嘉庆壬戌年(1802)适姚培宣。

---

① 《邃雅堂集》卷之三。
② 《邃雅堂集》卷之三。

嘉庆八年，癸亥，公元 1803 年。四十六岁

闰二月二十四日夜，公渡海至海南岛视学，有《癸亥闰二月廿四日夜半由徐闻渡海至琼州》《诸书言日出状各不同，余于海中亲见之，初才一线，未数语即已升腾，了无他异，始悟昔人所见皆水为之，余渡海时微波不兴，故分明如此，因志之以告后人》诗二首。① 前诗开篇言："数年踪迹来南溟，地角天涯无不经。"可见公任广东乡试正考官和广东学政，走遍了岭南各地。

四月，公校试海南，突然掉落一颗牙齿，因感而发，作诗《校试海南忽堕巨齿感而有作》一首。② 同月，公海南校试毕，返回广州，渡琼州海峡时，因水浅一度滞留，公有诗《九月二十四日发孟县至洛阳，河水浅不能达，舟人牵拽两时许然后渡，因忆癸亥四月由琼州北还，亦以水浅留滞，河海，天下巨观也，然亦有涸时，物理安可尽乎？因呈同行诸子》忆此事，并自注云："余由琼州北渡，以大舟阻浅，易小艇方得登岸。"③

【按】清朝嘉庆年间，海南设琼州府。清代府试在每年四月举行。

五月十五日，公有《奏为续报本年考试高州等府属及经过地方洋面各情形事》④ 一折，向朝廷报告工作及地方情况。

---

① 《邃雅堂集》卷之八。
② 《邃雅堂集》卷之八。
③ 《邃雅堂集》卷之九。
④ 中国第一历史档案馆藏，档号：04-01-38-0111-001。

八月，十八岁的广东吴阳（今吴川）学子林召棠（1786—1873）应童子试，得公赏识，取得生员资格。公称其为"海滨秀才"，勉励他好好学习。林氏后于道光三年（1823）高中癸未科状元。

十一月十一日，公向朝廷上《奏为续报科试高州等属及补行惠州岁试并拿获匪犯各情形事》①一折，报告广东高州、惠州岁试和剿匪情况。

十一月二十四日，两广总督倭什布向朝廷呈报《奏为查明广东学政姚文田考试去取公允声名俱好事》②，对公在广东学政任上的表现给予高度好评。

十二月，公书有行书条屏《桃花源记》一幅。

【按】该书法作品落款时间为"壬戌嘉平月"，"嘉平月"是古人对农历十二月的别称。

是年，《呈广东学政姚文田考试政绩清单》③一折向朝廷报告公在广东的工作情况。

【按】此折上呈者不详。中国第一历史档案馆还藏有一份同题奏折（档号：04-01-13-0219-020），上呈者为广东巡抚瑚图礼，但没有具体年份，只题"嘉庆朝"。

---

① 中国第一历史档案馆藏，档号：04-01-38-0111-018。
② 中国第一历史档案馆藏，档号：04-01-38-0111-027。
③ 中国第一历史档案馆藏，档号：04-01-38-0111-037。

约是年，公撰《广州文明门关帝庙碑记（代）》①，另有诗《粤事四首》②。

【按】此碑记无撰写时间，但撰于公提督广东学政期间，故暂系于此。《粤事四首》编次在《校试海南忽堕巨齿感而有作》后，故系于此。

嘉庆九年，甲子，公元 1804 年。四十七岁

正月十五日，公为严可均一部考校经籍的重要著作《唐石经校文》撰写《唐石经校文后叙》，云："吾友严铁桥氏，治经学有声，恐碑石有时而泐，则讹谬且复滋。爰举唐石经全部，逐一校勘。凡点画形迹，靡不搜校。余颇与商榷。丁秋水氏又为之复审。然后唐石经之胜处以显，而由是而求复于古，则后学之津筏，六艺之梯杭，皆于是乎在。嘉庆辛酉之秋，余奉命视学粤东。其明年，严氏来主讲香山。因敦促其雕版行世。既竣工，而为之后叙，时甲子正月望日，归安姚文田。"由此可见，严可均这部著作的完成和刊布，公起到了商榷和督促的作用。该书有十卷，于同年三月在岭南刊行。③

秋，公广东学政任满，即将回京之际，会琼州府文昌县学官落成，受诸生叶重辉等之请，为撰《琼州府文昌县重建学官记》。④

秋冬季，公结束广东学政任期，携眷回京，一路作有《出中宿峡》

---

① 《邃雅堂集》卷之三。
② 《邃雅堂集》卷之八。
③ 参见李士彪、吴雨晴：《辑佚大家——严可均传》，浙江人民出版社 2008 年版，第 72—78 页。
④ 《邃雅堂集》卷之三。

《宿黄茅峡》《归度庾岭，时梅花盛开，在花中行竟日》等诗三首。①

【按】庾岭又称梅岭，为五岭之最东，上有梅关，自古为江南和岭南的分界线。庾岭的梅花一般在冬至日开始开放。唐诗人樊晃《南中感怀》诗云："四时不变江头草，十月先开岭上梅。"公诗有"兹来春事已全动，玉蕊琼葩不知数。到岭初疑寒有雪，入林顿觉香成雾"等句，写出了南国暖热、四时错乱的感觉。

十月二十四日，公向朝廷上《奏报交卸印务日期事》②，报告卸任广东学政移交关防事宜。

十一月初七日，广东巡抚孙玉庭向朝廷呈报《奏为查明广东学政姚文田嘉庆九年科考情形事》③，报告公嘉庆九年在广东学政任上的工作表现。

是年，公完成《说文声系》一书。该书上下各十四卷，共计整理一万一千一百七十二字。④

是年，公有《题吴退莽暄同年行照》《归善令傅碧莱属题〈泛海图〉》《题任通守〈庐墓图〉》诗三首。⑤

【按】前诗中有"三年空有刺"句，是年公任广东学政满三年，故系于此。后二诗编次在前诗后，亦暂系于此。

① 《邃雅堂集》卷之八。
② 中国第一历史档案馆藏，档号：04-01-13-0149-014。
③ 中国第一历史档案馆藏，档号：04-01-13-0147-036。
④ 陈芳：《姚文田古音学研究》，博士学位论文，福建师范大学，2004年，第20页。
⑤ 《邃雅堂集》卷之八。

嘉庆十年，乙丑，公元1805年。四十八岁

正月，公自广东返回京师，卜居铁门（今北京宣武区东北部铁门胡同），因离开三年，墙上画作尽落，遂请人绘桃、荷、菊、梅四幅画作，以作装饰，并赋诗《乙丑正月自粤东还京卜居铁门三首》《出使三年，旧时壁际粘挂都尽，因倩人作桃、荷、菊、梅四幅，各缀以诗》纪之。另，曾三次提督广东学政的翁方纲（1733—1818）出旧藏《药洲图》自题，并向公索和诗，公和以《粤东学使公廨南汉时宫苑也，池中九曜石其遗迹，左一石有米海岳书"药洲"二字，余皆名人题刻，大兴翁覃溪先生三任提学，搜剔考正，摹勒屋壁，于其归，又绘〈药洲图〉，用识思忆，余差竣北旋，先生出旧图自题索和，即次元韵》诗二首。①

春，公作有《余于辛酉十月奉使粤东，时叶香浦观察甫卸臬事，将谋北归，及余差竣入都，香浦已陈情改就京秩，僦居海波寺街之古藤书屋，竹垞先生故居也，因用〈曝书亭集〉次查二嗣琜留宿元韵即赠》诗二首。②

【按】赠叶香浦二诗诗题明确作于"余差竣入都"后不久，且诗中有"竹笋先春送石坛""有约携尊送岁寒"等句，知是在早春时节，故系于此。

夏，公作有《酷暑忽得快雨，简寄同年吴侍御荣光，乞分白玉簪

---

① 《邃雅堂集》卷之九。
② 《邃雅堂集》卷之九。

一本》《倚栏》诗二首，其中前诗生动地描写了夏日酷暑难耐时突降大雨的畅快情景："颠风卷暑出帘帷，快雨追凉入纻衣。深院忽看苔径没，小池还作瀑泉飞。绿苏老树经新沐，红补残花弄夕菲……"①

七月，公应莆田乡贤陈徵之孙陈梓之请，为撰《莆田陈徵君铭阴》。②

十一月十八日，公校讫《说文解字考异》之一上。③

【按】严可均在《杨秋室诗录叙》中云："其同乡同志者，丁小雅为《大戴礼》之学，姚秋农为《说文》之学，施非熊为《金史》之学，杨傅九为《明史》之学。四子者，于学无所不窥，而各有专业，用力久且勤……"④

丁小雅当为丁杰（1738—1807），原名锦鸿，字升衢，又字小山，号小疋。归安县下昂（今属湖州南浔区菱湖镇）人。学者、藏书家。少时家贫，无钱买书，常到书肆看书。潜心经史、文字音韵和算术。擅长校雠，每得一书，必细加校勘，也常助人校书。清乾隆三十六年（1771）举人。次年入都，校《四库全书》，小学一门多出其手。与吴兰庭并有"丁经吴史"之目。乾隆四十六年（1781）三甲第三十八名进士，为宁波府学教授十余年。乾隆五十七年（1792）依山东学政翁方纲，与翁氏等补正朱彝尊《经文考》。后与朱筠、戴震等讲学于四库馆。在京十年，搜书数千卷。著有《周易郑注后定》

---

① 《邃雅堂集》卷之九。
② 《邃雅堂集》卷之四。
③ 姚文田辑：《说文解字考异（一）》，凤凰出版社 2021 年版，第 19 页。
④ 严可均：《严可均集》，孙宝点校，浙江古籍出版社 2013 年版，第 219 页。

十二卷及《大戴礼记绎》《小酉山房文集》《毛诗草木虫鱼鸟兽疏》《汉隶字源考证》等。其子授经、传经均通经博学，有"双丁"之目，曾佐严可均。

杨傅九即杨凤苞（1754—1816），字傅九，号秋室、西园老人，归安人。少即以诗词名，其《西湖秋柳词》名噪一时，故被称为"杨秋柳"。作诗初学李商隐，后与朱彝尊、厉鹗风格相通，属浙西诗派，长于七言。对经学、小学颇有研究。亦熟悉明末史实，曾作《南疆逸史跋》十三篇，补温睿临之未备而订其误。受知县彭志杰之托校补陈焯《湖州诗录》五卷，增录数百家并考其爵里。阮元巡抚浙江时曾入学诂经精舍，分纂《经籍纂诂》。晚年在湖州陈家私塾教书。其书室为郑元庆著书处鱼计亭。曾欲撰明史，未果即卒。著有《秋室集》十卷，《采兰簃文集》《采兰簃诗集》各四卷，《秋室遗文》一卷。

施非熊即施国祁（1752—1823），字非熊，号北研，乌程人。县学生。工诗词，善古文。家贫，少授经于外，与张鉴、杨凤苞同肄业于阮元诂经精舍，又与邢典、杨凤苞并称"南浔三先生"。中年乐市隐，寓居南浔镇北，为人经理生业，筑吉贝居于肆市中。年逾四十，弃举业，专攻史学。历二十余年成《金源札记》三卷、《金史详校》十卷，又以其余资料著《元遗山诗集笺注》十四卷、《金源杂兴诗》一卷。清嘉庆十四年（1809）所居吉贝居失火，著述尽毁于火，今存大半出于记忆补录。另著有《元遗山先生年谱》一卷、《礼耕馆诗文集》一卷、《礼耕堂诗集》三卷附《外集》一卷、《礼耕堂丛说》一卷、《史论五答》一卷、《吉贝居暇唱》一卷。其

《礼耕堂文集》佚。①

十二月初六日，公校讫《说文解字考异》之一下。②

十二月廿八日，公校讫《说文解字考异》之二上。③

嘉庆十一年，丙寅，公元 1806 年。四十九岁

二月初十日，公校讫《说文解字考异》之二下。④

春，公有《和人春柳》诗二首。编次在其后的《题周东屏先生〈乡关乘传图〉》诗四首也当作于此后。⑤

秋，公为国子监博士吴嵩梁的《且园倡和图》题诗《题吴博士嵩梁〈且园倡和图〉》一首。其同期所作《送同年吴大文照宰新兴》诗忆及曾任新兴知县的七世祖姚舜牧。公在诗中自注云："先侍御公曾宰是邑，邑人至今祠祀之。"同期另有《题左二辅〈蜀江归棹图〉》诗。⑥

【按】因前诗中有"娟娟华月当前楹""冉冉红蕖香入袂""枕簟清寒夜如水"等句，知是秋季。又因此诗在《邃雅堂集》卷之九中编在次年《山左秋闱事竣分校诸君招游大明湖》前三首，而吴嵩梁又在京城国子监任职，后二诗编次紧随其后，故系于此。

---

① 沈文泉编著：《湖州名人志》，杭州出版社 2009 年版，第 281、291、288 页。
② 参见姚文田辑：《说文解字考异（一）》，凤凰出版社 2021 年版，第 89 页。
③ 参见姚文田辑：《说文解字考异（一）》，凤凰出版社 2021 年版，第 167 页。
④ 参见姚文田辑：《说文解字考异（一）》，凤凰出版社 2021 年版，第 235 页。
⑤ 《邃雅堂集》卷之九。
⑥ 《邃雅堂集》卷之九。

吴嵩梁（1766—1834），字子山，号兰雪，晚号澂翁，别号莲花博士、石溪老渔。江西东乡新田人。翁方纲门生。清代文学家、书画家，有"诗佛"之誉。幼秉异才，早承家学，倜傥不羁。作诗始奉杜甫为宗，后出入唐宋诸大家。弱冠入都，屡试不售。乾隆四十九年（1784），帝巡视江南，他以诗册进呈行殿，有几百首。后从铅山蒋士铨学诗法，与当时名流广交酬唱，浪游天下名山大川，世誉"江南才子"。嘉庆初，先后主讲临川兴鲁书院、庐山白鹿洞书院、铅山鹅湖书院及余干东山书院。嘉庆五年（1800）中举，授国子监博士，旋改官内阁中书。其诗名远播海外，日本商人以重金购其诗扇；朝鲜吏曹判书金鲁敬父子将其诗用梅花龛供奉起来。道光六年（1826）三月二十五日，朝鲜聚集该国名人雅士为吴嵩梁祝寿，置酒于梅花龛前，好事者还将此次盛会绘成图画，成为中朝文化交流史上一段佳话。道光十年（1830）出任贵州黔西知州，六十九岁卒于任所。

吴文照（1758—1827），原名煐，字香竺，号聚堂，室名"在山草堂"。浙江石门（今嘉兴桐乡）人。乾隆五十三年（1788）举人。由教习任新兴知县，擢惠州同知。工诗文，善书画。有《在山草堂集》和《在山草堂诗稿》十七卷。

十月初二日，公在定阳旅舍楷书《北山移文》。该作品于 2019 年在香港金钟拍卖行拍卖，成交价六千三百七十五港元（含佣金）。①

---

① 《清代姚文田楷书〈北山移文〉》，2023 年 11 月 27 日，https://www.sohu.com/a/739465527_121124384，2024 年 5 月 21 日。

【按】此书作款署"嘉庆十一年岁在柔兆摄提格小阳春之四日书于定阳旅舍。姚文田"。"柔兆"是天干中丙的别称，用以纪年，《尔雅·释天》曰："太岁在丙曰柔兆。""摄提格"简称"摄提"，为上古时代岁星纪年中的年岁名，对应简化后十二地支中的"寅"。故"柔兆摄提格"即丙寅年。小阳春指的是孟冬（立冬至小雪节令）期间一段温暖如春的天气，在此期间一些果树会开二次花，民间有"十月小阳春"之说。嘉庆十一年的立冬是九月二十八日，第四天即十月初二日，故系于此。

十一月初二日，朝廷"以翰林院修撰姚文田署日讲起居注官"。[1]

冬，公参加同人消寒会，赋诗《同人消寒席上分赋得冰裔》一首，另有一首《与戴春塘聪同年数往还不值》诗。[2]

【按】此二诗在《邃雅堂集》卷之九中编次在《题吴博士嵩梁〈且园倡和图〉》之前，但写的都是冬天的生活和景象，后诗也有"雪后相寻只自还"句，故系于此。

是年，公与严可均合撰的《说文校议》十五卷成书。

【按】《简明中国古籍辞典》介绍说："《说文校议》，字书。是清严可均、姚文田撰。十五卷。……本书为'考正徐铉

---

[1] 《清实录》第三〇册，第211页。
[2] 《邃雅堂集》卷之九。

之失'，认为'《说文》未明，无以治经'。校正徐铉本凡三十篇，三千四百四十条。证据除援引古书，注明出处外，还根据《说文》小徐系传本和毛本。前十四卷校订正文，第十五卷上校订原序，卷末均注明所校条数，书末总校条数，作者态度严谨。今存同治十三年（1874）归安姚氏刻本。"①

约是年，公应同年兵部主事德清许宗彦之请，为其父许祖京之遗文集作序。

【按】公《许方伯遗文序》云："同年许周生兵部以先方伯时文集属为论次，文田受读竟，因为之序。"②许周生即许宗彦（1768—1818），字周生，德清县人，幼时随父宦游京师，九岁能读经史，后自学天文、历数，对传统经学论点多有辨证。嘉庆四年（1799）以三甲第十一名赐同进士出身，授兵部主事，居官两月即以父母年老为由辞归。父母去世后，迁居杭州，闭门读书、著述，编有《鉴止水斋藏书目》四卷，著有《鉴止水斋集》二十卷。许方伯即许祖京（1732—1805），字依之。乾隆三十四年（1769）二甲第三十名进士，授内阁中书，升侍读。后任《大清一统志》纂修官，修成《西域图志》《西域同文录》《胜朝殉节臣录》。迁四川乡试正考官、云南盐驿道、云南按察使。乾隆五十年（1785）任广东布政使，忤总督孙士毅，挂冠归。著有《书经述》八卷、

① 吴枫主编：《简明中国古籍辞典》，吉林文史出版社1987年版，第674—675页。
② 《邃雅堂集》卷之二。

《许氏谱》二卷。①

嘉庆十二年，丁卯，公元1807年。五十岁

春，公作有进御诗《恭和御制〈至静寄山庄即事成什〉元韵》一首和《恭和御制〈策马登半天楼〉元韵》四首。②

【按】前诗有题注"嘉庆丁卯"，又有"圣主巡春旧典稽"句。后诗其四有"谷草争舒碧，山桃更吐芳。宸游常隔岁，春色倍相偿"句，可知时在春日。

四月初四日巳时，公同父异母之四弟加琛生。③

七月初六，公被任命为山东乡试正考官。《清实录》"嘉庆十二年丁卯秋七月"载："丙午，以翰林院编修朱士彦为河南乡试正考官，陈寿祺为副考官；修撰姚文田为山东乡试正考官，编修朱珔为副考官；编修陆以庄为山西乡试正考官，江南道御史商载为副考官。"④公于七月初八得知任命消息。不久，嘉庆帝召见公，对公云："山东人文素盛，历科皆遣大员前往。汝学行为朕深知，故以命汝。"⑤体现了嘉庆帝对公的信任和器重。

八、九月间，公应通议大夫、山东按察使、长兴人朱栋之请，为其已故夫人章氏撰《山东按察使朱君妻章淑人传》。

---

① 参见沈文泉编著：《湖州名人志》，杭州出版社2009年版，第301、277—278页。
② 《邃雅堂集》卷之六。
③ 《姚氏家乘》卷五。
④ 《清实录》第三〇册，第407页。
⑤ 《邃雅堂集》卷之二《嘉庆丁卯山东乡试录前序》。

【按】《山东按察使朱君妻章淑人传》篇末云："余于丁卯秋恭奉简命，典山左乡试，既蒇事，通议以淑人行实来乞作传。余于章、朱两家皆有连，故为撰次之。"①

朱栋（1758—1813），字柱臣，号砥斋。长兴县人。工诗词书画，尤善写生。清乾隆四十四年（1779）举人。起家农部，出守廉州，移广州，擢南韶连兵备道，历贵州、河南按察使，后官至山东布政使。②

章氏（1758—1805），归安获港人，山东东昌府上河通判、承德郎章茂春之女。十八岁适朱栋，累封赠安人、恭人、淑人。育子五，仅存幼子德辉，余皆殇，另有女六人。

晚秋，山东乡试结束，公与诸位考官游济南大明湖，并赋《山左秋闱事竣，分校诸君招游大明湖》《趵突泉》诗二首③纪此游。

【按】《趵突泉》诗有"我来涉杪秋"句，杪秋即秋杪，晚秋、秋末之意。

九月廿一日子时，父深仲公病逝，享年七十五岁。深仲公系归安县学增生，例以子文田任内阁中书、文渊阁检阅、翰林院修撰、詹事府右春坊、工部右侍郎、户部左侍郎加三级，嘉庆元年、四年、六年、十四年、二十四年、二十五年叠遇覃恩，敕封文林郎、儒林郎，诰封

① 《邃雅堂集》卷之三。
② 参见沈文泉编著：《湖州名人志》，杭州出版社 2009 年版，第 293—294 页。
③ 《邃雅堂集》卷之九。

清状元姚文田年谱

奉政大夫，累赠光禄大夫。①

秋，公获一方圆形端砚，在砚背铭"玉德金声，析理敷文。伟词自铸，落纸烟云。丁卯秋月，姚文田识"，覆手正中随形印款"秋农珍藏"。②

十二月二十六日，公亲将父姚益治与母亲沈氏合葬于城南十五里之渔荡村。

【按】公《先府君行状》云："文田既踉跄南归，念宄穸不可久淹，遂卜兆于郡城南十五里之渔荡村，以是年十二月癸巳下窆，奉妣沈夫人棺合葬焉。两弟皆先卒，即祔于穴之左右。"③是年十二月癸巳日是二十六日。

冬，公归里丁父忧，并继承先父未竟事业，劝说府、县官长支持湖州慈善机构广仁堂的建设。

【按】公《可久录序》云："吾湖广仁堂之设，自邑人徐万橚始，而搢绅士大夫从而赞成之。嘉庆丁卯冬，余奉讳旋里，以先君子尝与斯事也，因为请于郡守戴公，邑侯涂公、洪公，通详立案，以垂永久。戴公首捐廉以倡，先后邑父母又争相佽助，用示激劝，其后闻风慕义者远迩麇至。构屋庐以处棺椁，辟山壤以瘗骸骨，计已为室若干楹，置地若干亩。

---

① 《姚氏家乘》卷四。
② 丁山:《藏砚精选——姚文田铭圆形端砚》,《收藏家》2018 年第 12 期, 第 129—130 页。
③ 《邃雅堂集》卷之四。

三年之间，所收瘗至五千余具，其功德为不浅矣。"①

是年，公应侍讲学士法式善（1753—1813）之请，作《跋〈玉延秋馆图〉后》。②"玉延秋馆"为法式善虚构之所。法式善于嘉庆十二年前后，以"玉延秋馆"为题征图征诗。《玉延秋馆图》由黄均、李祥凤、杨湛思、陈镛四位画家共同完成。为此图题跋者有翁方纲、吴云、王以衔等三十四人。此图现藏故宫博物院。③

约是年，公应表叔沈鼎生之请，为其父撰《楫师沈公家传》。

【按】沈荣俊（1707—1746），字谦之，号楫师。归安县（今属湖州）人。沈三曾孙。性至孝，曾割臂疗父。清乾隆元年（1736）举人，举博学鸿词。候选知县。究心根底之学，文章有法度。诗以义山为宗，所作《落叶诗》有"秋凉遍天下，客梦到林间"之句，人称"沈秋凉"。与弟荣简（字振之，号樯师）时称"沈氏二才"。晚年卧病数年，但诗文不辍。乾隆十一年（1746）八月四日卒。著有《宗经集》《竹翠溪馆诗集》。④

《楫师沈公家传》云："公之没且六十余年矣，其子鼎生，文田表叔也，来属为之补传，谊不可辞。"⑤故暂系于此。

---

① 《邃雅堂集》卷之二。
② 《邃雅堂集》卷之二。
③ 张晶元：《万事看如水，一情生作春——以〈玉延秋馆图〉为例论述法式善晚年心境与艺术社交生活》，《天津美术学院学报》2021 年第 2 期，第 65—69 页。
④ 沈文泉编著：《湖州名人志》，杭州出版社 2009 年版，第 266 页。
⑤ 《邃雅堂集》卷之三。

嘉庆十三年，戊辰，公元 1808 年。五十一岁

三月十五日辰时，公长孙经辅出生。

【按】姚经辅（1808—1848），官名辅，字周臣，号爱立。娶兵部员外郎嘉兴汪如澜之女（1810—1881）为妻，育有三子一女：子学渤、学环、学蔚；一女适大坡圩傅维洪。归安县学增生，两淮候补盐经历。卒后夫妻合葬于云巢圣常公墓侧。①

经辅还有一弟，名经礼，因其出生时公已逝世多年，故附于此。姚经礼（1833—1864），更名亮元，字仲嘉，号子明。娶谢质卿［江西南康人，道光丙午（1846）举人，陕西潼商道］之女（1829—1851）为妻，无所出。另有侧室张氏，育子学宝，早夭。归安县监生，陕西候补典史，改光禄寺署正，加同知衔，河南项城县知县。夫妻合葬云巢教场山。②

七月一日，公撰《题沈小如观察〈津门拯溺图〉后》，"服膺观察恤民之诚"。③

冬，公受故人黄东井之请，为其弟《石轩诗钞》作序。

【按】公《石轩诗钞序》云："嘉庆戊辰冬，遇故人黄东井司马于邗上，属序其弟《石轩诗钞》，盖距石轩之没已二十

---

① 《姚氏家乘》卷五。
② 《姚氏家乘》卷五。
③ 《邃雅堂集》卷之二。

年矣。"①"邗上"系江苏扬州的代称。

是年，公仍居家丁父忧，遂退交了在京城的官房，户部安排御史吴荣光入住。②

约是年，公为己未同年、德清籍青阳知县陈斌题写了堂匾"荣庆堂"，该匾有"赠白云兄"题款和"山东姚文田"落款。

【按】此信息是笔者于2023年12月10日参加"纪念姚僧垣逝世一千四百四十周年、姚察诞辰一千四百九十周年学术研讨会"时，德清文史学者费为民提供的。他提供的文字材料如下：

八年前，我在《嘉庆德清进士青阳知县陈斌（白云）故里考》一文中采访陈斌后人——八十三岁老人（今年已九十一岁）时谈到有关姚文田的一段话："当年我们家族东、西两个正屋上各挂有一块匾额，东面那块匾额的字记不清了，西面那块写的是'荣庆堂'三个大字，旁边小字有'赠白云兄''山东姚文田'等字样，且盖有印章。"姚文田是嘉庆四年己未科状元，归安（今湖州）人，与陈斌是同榜进士。其年龄、家境亦与陈斌相仿。那怎么会署名"山东姚文田"呢？后经过查找资料得知，嘉庆十二年时，姚文田正出任山东乡

① 《邃雅堂集》卷之二。
② 参见《为咨送江南道御史吴荣光接住翰林院编修姚文田退交铁门官房各原呈查办一案抄单事致内务府等》，嘉庆十三年二月三十日（1808年3月26日），中国第一历史档案馆藏，档号：05-13-002-001910-0024；《为吏部员外郎吴悦指俸接住御史徐国楠退出官房并御史吴荣光指俸接住翰林院修撰姚文田退交官房事致内务府等》，嘉庆十三年五月二十七日（1808年6月20日），中国第一历史档案馆藏，档号：05-13-002-001913-0002。

试正考官。当年，姚文田因父丧而回家守孝，这块匾额估计是姚文田回归安（湖州）后（1807—1809）为陈斌题写的。老人小时候还听奶奶说起过，因为匾额上三个大字遒劲有力且非常漂亮，引来了城里许家的人架梯子爬上去拓印。

陈斌（1757—1822），字陶邻、陶林，号白云。德清县千秋乡东衡村（今属德清县钟管镇）人。清书法家。童年随父耕种，后寄居县城蔡家半耕半读。二十四岁为县学生员，归乡设私塾，课徒为业，兼掌耕耜。曾从邑人宋大樽习韵文，从无锡秦大夫习古文。三十二岁时父亡，再次返乡，课徒耕种。后入衡溪书院任教，四年后破格为主讲。嘉庆四年（1799）三甲第七十二名进士，授安徽青阳知县，调合肥，所至为之教化，又教民种桑养蚕，开皖中养蚕之风。升安徽凤阳府同知，署宁国府。后谪归。著有《白云集》五卷、《诗集》二卷、《白云续集》二卷（诗文各半）、《蚕桑杂记》。[①]其中陈氏卒年和著述情况是根据后来发现的资料而修改的。

嘉庆十四年，己巳，公元 1809 年。五十二岁

二月，两淮盐运御史阿克当阿倡续扬州府志，启局编纂。公于丁忧期应聘参与分纂。公在《广陵事略序》中云："会维扬有修志之役，䜣使阿公厚庵聘余主其事。与修者多馆阁前辈，余不敢任也，则分司其'宦迹''事略'二志。"又云："余先借得仪征阮抚部师《图经》（即《扬州图经》——笔者注）稿本，遂乃博取群书，参互考订，定为

---

① 参见沈文泉编著：《湖州名人志》，杭州出版社 2009 年版，第 293 页。

《事略》五卷，附《祥异》一卷，既以之入之矣。"①

【按】"阮抚部师"即阮元（1764—1849），字伯元，号芸台、雷塘庵主等。江苏扬州人，占籍仪征。乾隆五十四年（1789）进士，历官山东学政、漕运总督、云贵总督、体仁阁大学士等。工诗文、书法，精鉴赏，亦能画。有《积古斋钟鼎彝器款识》等专著传世。

《邃雅堂集》卷之九中《阮云台师命题雷塘庵主小像，盖庐墓时所绘者》一诗当作于公向阮元借《扬州图经》时。雷塘在扬州城北，为风景胜地，隋炀帝葬于此。

五月，公应同年胡秉虔之请，帮助其祖父胡思平校勘《四书注说参证》一书，并撰《〈四书注说参证〉跋后》一文。②

八月后，公应扬州司马徐元惠兄弟之请，为撰《斗野亭记》。

【按】斗野亭始建于北宋熙宁年间（1068—1077），孙觉、苏轼、苏辙、秦观、黄庭坚、张耒等人都曾到此一游，并留有诗文，亭为扬州名胜之一，毁于宋末。公《斗野亭记》云："兹徐司马元惠偕其族弟元桐议重建之，而镇西地当水冲，旧址不可复用，因择地于镇东之法华寺侧而缔构焉。于其成也，复镌孙、苏诸诗于壁，非直为游憩而已，盖前贤之流风遗韵藉是以不坠，亦足令至此亭者之兴起也。会余客游邗上，

---

① 转引自许卫平：《〈（嘉庆）重修扬州府志〉续志方略评述》，《江苏地方志》2003 年第 5 期，第 49—51 页。
② 《邃雅堂集》卷之二。

司马之弟中翰、侍御两君皆余同年生，来属为之记。盖经始
于嘉庆己巳四月朔日，至八月乃毕功云。"①

约是年秋，公为内阁中书赵象庵撰《菊隐记》一文。

【按】公此文无撰写时间，因张问陶嘉庆己巳年有《题赵
象庵斋中菊》一诗，故暂系于此。

是年，为续修《扬州府志》，公赴东台县征事，欲访修纂《东台县
志》、撰《泽鸿吟》的秀才袁承福而不遇。若干年后，袁秀才慕名持
《游山小照》请公题诗，公欣然应之，赋七律《余己巳岁客游邗上，闻
东台袁秀才承福，名而未见也。时方重辑〈广陵志〉，征事于东台，东
台置县四十年尚无志，袁君殚三月力成之，又以屡被河患，撰〈泽鸿
吟〉一卷，读之使人酸鼻，顷至郡，复出示〈下河水利图议〉，盖今之
有心人也。余既惜其不遇，会袁君以〈游山小照〉属题，因书一律》，
对袁秀才的才情大加赞赏。诗云："早有才名动巨公，喜看疏鬓未成翁。
文章简直追良史，诗句苍凉似变风。佳客如君何见晚，忧时无寐得谁
同？ 山行笠屐迟料理，且障回澜集泽鸿。"②

是年，公请国子监祭酒吴锡麒（号穀人，1746—1818）帮助已故
泰安知府归安沈琨选编诗集，并为之作序。

【按】沈琨（1745—1808），字兼山，号舫西，归安县竹

---

① 《邃雅堂集》卷之三。
② 《邃雅堂集》卷之九。

墩村人，乾隆三十六年（1771）辛卯科举人，曾任内阁中书、军机处行走、监察御史、泰安知府，致仕后先后主讲江西白鹿洞书院、扬州梅花书院和徽州紫阳书院。著有《嘉荫堂文集》三卷、《嘉荫堂诗存》四卷。其《小筠楼诗文集》十六卷佚。[①] 公《沈舫西诗序》云："舫西沈公既没之期月，其孤如镕将刊遗集行世，以至戚情好无如文田者，缄其集走使以告，属为论次焉，且曰：'先君子嗜善如饥渴而年不副其德，趋事如赴敌而学不竟其用，今所恃以传后者惟此耳，幸审定而为之序。'文田恐决不慎，则以请于祭酒吴毂人前辈，抉剔划削，得定本凡若干卷。"[②]"期月"意一整月，也意一整年，一整月尚在五七丧期之内，如镕当无暇整理其父遗稿，且整理遗稿需要时间，故此处当指一整年，故系于此。

是年，公在扬州结识金陵（今南京）人蔡观潮，向他打听高祖姚延著公祠堂的情况。

【按】公《重建姚公祠记》云："先，方伯陈臬江南时，所存活至万千人，后为仇者所陷以死。没之日，金陵为之罢市，民哭踊如丧其私亲。丧归由金陵道丹阳，数百里间，携絮酒设位以祭者趾相接。既又建祠于鸡鸣山下而私祀焉。文田昔未尝至金陵，末由瞻谒祠下。嘉庆己巳岁，遇金陵人蔡君观潮于维扬（扬州的别称），询以祠之存否。观潮言，山下多丛

① 沈文泉编著：《湖州名人志》，杭州出版社 2009 年版，第 285 页。
② 《邃雅堂集》卷之二。

祠，当归而审视之。其后以书来言，独三公祠在，中祀先公
及前总督讳麻勒吉、河督陈讳鹏年，疑为后人增入者。检阅
新修《江宁府志》，事皆失载。"①

"方伯"在明清时是对布政使的尊称。此处的"先方伯"
是清顺治十六年（1659）任江南布政使的公高祖姚延著。

拙著《湖州名人志》载："姚延著（1605—？），一作迎
著，字象愚，号榕似。乌程县（今属湖州）人。书法家。清
顺治六年（1649）与兄姚延启登同榜进士。除广西柳州知府，
有守御功，调平乐知府。抚僮寨，擢江南按察使。顺治十六
年（1659）郑成功进军南京，佐总督郎廷佐缮守备，安辑危
城，间阎不扰。擢河南左布政使。旋以忧归。后鞫金坛案，
蒙冤屈死。就刑之日，江宁为之罢市，士民哭踊，数百里祭
奠不绝，建祠鸡鸣山下私祀。"②其中所称"乌程县"误，应
为归安县。另，今考得其卒年为顺治十八年（1661）。

是年，公应扬州士大夫之请，为白云上撰《武功大夫漕标中军副
将白公墓志铭》。③

【按】据该墓志铭，白云上（1724—1790），字凌苍，河
内（今河南沁阳）人。善骑射。乾隆十五年（1750）武科举
人，明年为武科进士，授蓝翎侍卫。二十一年（1756）出为
平望营都司，历署江阴、常州游击。三十年（1765）擢扬州

---

① 《邃雅堂集》卷之三。
② 沈文泉编著：《湖州名人志》，杭州出版社 2009 年版，第 215 页。
③ 《邃雅堂集》卷之四。

游击，有善政，入祀名宦祠。四十年（1775）擢金山参将，四十四年（1779）又擢漕标中军副将。

嘉庆十五年，庚午，公元 1810 年。五十三岁

是年春，公寓居扬州休园期间，受主人陈氏之请，为《休园画册》题诗一首，即《陈翁者，休园主人也，以〈休园画册〉属题，时余寓榻园中，为题一绝》。①

【按】此诗云："从君借住三间屋，那得淹留更判年。新绿满园鸠妇闹，一尊相对意茫然。""判年"意为"半年"。公去岁因受聘分纂《嘉庆重修扬州府志》，客游扬州，在休园寓居了半年以上。而"新绿满园鸠妇闹"为初春景象，故系于此。

休园位于扬州城内流水桥东，本朱氏园、汪氏园旧址，由郑侠如于清顺治十年（1653）合并后新修，为郑氏私家园林，嘉庆间归苏州陈氏。《嘉庆重修扬州府志》"休园"条下载："今归苏州陈氏，改名征源（园）。"

四月，阿克当阿与公等修纂的《嘉庆重修扬州府志》七十二卷首一卷完成，"自己巳之仲春，迄庚午之孟夏，续修之书成"。今中国国家图书馆有藏。

① 《邃雅堂集》卷之九。

清状元姚文田年谱

【按】对于这部由公和阿克当阿联袂主修的《嘉庆重修扬州府志》,《续修四库全书提要》评论云:"考证精详,征引宏富,而用笔严简,具有良史之法,洵称杰作。"① "梁启超在总结清代方志学成就时,对'其间经名儒精心结撰或参订商榷',而成'可称者'的志书中,历数了'嘉庆扬州府志'。《中国地方志辞典》这样评价道:'此志体例整秩,考据严审,材料富实,历来颇受后人好评,一直视为清代名志。'"②

五月,公迁右春坊右中允。③

【按】《姚氏家乘》中《文僖公传》所记如此。但公由翰林院修撰迁右春坊右中允的具体时间,笔者在《清实录》嘉庆十四年十月至嘉庆十五年五月间的记载中均未找到,而更早的话,公尚在丁忧期内,朝廷不可能授职于他。

六月一日,公为家乡徐万枞等人所创立的广仁堂的章程撰《可久录序》。此文落款时间为"嘉庆十五年,岁在庚午,六月朔日"。④

六月十七日,朝廷"以右春坊右中允姚文田署日讲起居注官"。⑤

六月二十四日,公撰《香泉记》一文,纪念御史谢振定生前和法式善修复明代重臣李东阳墓、祠,并植树挖井之善举。⑥

---

① 转引自王增清主编:《湖州文献考索》,社会科学文献出版社 2015 年版,第 203 页。
② 许卫平:《〈(嘉庆)重修扬州府志〉续志方略评述》,《江苏地方志》2003 年第 5 期,第 49—51 页。
③ 《姚氏家乘》卷十五。
④ 《邃雅堂集》卷之二。
⑤ 《清实录》第三一册,第 100 页。
⑥ 《邃雅堂集》卷之三。

七月，公向官房租库申请住房并要求房租在俸禄中扣除。^①后来交不起房租，由户部候补主事赵光禄帮助交。^②由此可见，公那时在京城的生活非常艰难。

八月二十二日，公以右春坊右中允衔提督河南学政^③，随即携眷赴任。

【按】公《题红蕉阁主人遗照》云："庚午，又从予于大梁。时已为两儿娶妇，妇皆贤能，承意指代操作，自是夫人始稍安矣。"^④大梁系河南开封的代称。

十月十六日，公向朝廷上《奏报到任接学政篆日期事》^⑤，报告自己到任接掌河南学政印的情况。

是年，根据公七月申请，户部安排公住进了原任河南道御史吴荣光退出的官房。^⑥

【按】在住房问题上，公与吴荣光两度交结，颇有缘。吴

---

① 中国第一历史档案馆藏有嘉庆十五年七月二十四日（1810年8月23日）官房租库文档《为办理翰林院修撰姚文田等呈请坐扣俸银接住官房事等》，档号：05-08-011-000021-0006。
② 《为咨明户部候补主事赵光禄指俸代扣詹事府右中允姚文田指俸租住官房不敷房租银两事致内务府等》，嘉庆十五年十二月（1811年1月），中国第一历史档案馆藏，档号：05-13-002-001913-0131。
③ 参见《清实录》第三一册，第139页。
④ 《邃雅堂集》卷之三。
⑤ 中国第一历史档案馆藏，档号：04-01-12-0287-075。
⑥ 《为翰林院修撰姚文田指俸接住原任河南道御史吴荣光退出官房事致内务府等》，嘉庆十五年五月（1810年7月），中国第一历史档案馆藏，档号：05-13-002-001913-0061；《为翰林院编修姚文田指俸接住原任河南道御史吴荣光退出官房等事致内务府等》，嘉庆十五年九月二十九日（1810年10月27日），中国第一历史档案馆藏，档号：05-13-002-001913-0102。

荣光（1773—1843），字伯荣，号荷屋、石云山人，广东南海县人。嘉庆四年（1799）进士，由编修擢御史。道光中任湖南巡抚兼湖广总督。后坐事降为福建布政使。工诗文、擅书画，尤酷嗜金石，精鉴赏，名极一时，书法更为世所推重。著有《历代名人年谱》《筠清馆金石录》《筠清馆帖》《辛丑销夏记》《帖镜》《石云山人文集》《绿枷楠馆录》《吾学录》等。

是年，公长孙女阿宜出生。

【按】公《两女孙哀辞》开篇云："往岁冢妇恽之丧，女孙阿宜方十龄，次阿良才七龄耳。"① 恽氏辛于嘉庆己卯（1819），故系于此。

约是年，公有《题徐愚溪〈课子图〉》《余园二十咏》《题宓签判〈俯壑听流图〉》《题俞莲石〈负薪图〉》《潘朗斋明府镕〈云树怀人图〉》《睡起书怀》《同年卢湘槎元璪将归吴门，出〈戴笠图〉属题，即以志别》等诗。②

【按】上述诗歌具体写作时间均不确，但都编次在次年所作《辛未立春前一日，偕蔡香慧、何槐庭、张砚山、郑崇台同登师旷吹台，即呈诸子》前，故暂系于此。

---

① 《邃雅堂集》卷之三。
② 《邃雅堂集》卷之九。

嘉庆十六年，辛未，公元 1811 年。五十四岁

约正月十日，公与友人同游开封城东的吹台，赋诗《辛未立春前一日，偕蔡香慧、何槐庭、张砚山、郑崇台同登师旷吹台，即呈诸子》一首纪之。

【按】吹台乃仓颉城址，为纪念春秋时期晋国音乐家师旷而建，又名繁台，后建禹庙于其上，遂称禹王台。辛未年立春日约在正月十一日。

正月十九日，公听闻洞庭山人严某之妾李氏、江氏在严某病逝且无子的情况下严守妇节，尤其是江氏拒绝改嫁富商，并自毁容颜，有感而撰《严妾江氏传》[①]，称颂她俩。

闰三月中下旬间，公应偃师县令武肃之请，为嘉庆七年（1802）进士、太史柳减继室蓝氏撰《蓝孺人传》。[②] 据传，蓝孺人系布政使经历蓝彬之女，十九岁自愿为病危中的柳减继室，"衣不解带，日夕侍汤药"，四十余日后柳减卒，她绝食殉死。

春，公在卫辉视察童子试二十来日后返回开封，其间巡游中原大地，曾到百泉游览，谒苏门山夫子庙，访获嘉县知县汪桂葆，观洛阳龙门石窟，登伊阙等，领略中原文化的博大精深，感受中原大地淳厚的民风乡情，不禁发出了"古来才士夸地产，此邦前史尤称隆"的感慨，并作有《卫辉校士兼旬自射场归试院作》《春风》《苏门山谒夫子

---

① 《邃雅堂集》卷之三。
② 《邃雅堂集》卷之三。

像》《题百泉行馆》《题获嘉汪明府桂葆〈桃花潭水图〉》《覃怀试院
和蔡香慧》《登伊阙歌》等诗。①

【按】《卫辉校士兼旬自射场归试院作》有"节过寒食无多
雨"句，《登伊阙歌》有"桃林函谷屹右峙"句，知是在春天。

苏门山在今河南省新乡市辉县市百泉村百泉风景区（有
"中州颐和园"之称）。公《苏门山谒夫子像》一诗自注云：
"苏门为孙夏峰征君讲学之地，山巅建夫子庙，有石刻吴道子
画像。"

《题获嘉汪明府桂葆〈桃花潭水图〉》有"昨朝快作苏门
游""前津正向覃怀去"等句，说明这些诗是在短短几天之内
写就的。覃（音潭）怀，夏代地名，在今河南沁阳市、温县
所辖地域。

五月，迁翰林院侍讲②。

六月，公视学偃师时为雨所阻，知县武肃热情招待，并陪同游览
北邙山上的文昌阁，遂作《偃师所建文昌阁高踞北邙，辛未六月余阻
雨留此，武明府肃招共登眺》诗纪之。③

夏秋时节，公在各地视学时有《命诸生赋雁字漫成》《过昆阳旧
城》《裕州道中》诗三首。④

---

① 《邃雅堂集》卷之九。
② 陈芳：《姚文田古音学研究》，博士学位论文，福建师范大学，2004 年，第 16 页。
③ 《邃雅堂集》卷之九。
④ 《邃雅堂集》卷之九。

【按】《裕州道中》有"去日犹残暑，征车知久留。苍烟孤寺暝，黄叶一山秋"句，说明公出发时是在夏末，且知道出差时间漫长。

昆阳为河南省平顶山市叶县旧称。裕州治所在今河南省方城。

七月十九日，吏部尚书瑚图礼、邹炳泰向朝廷呈报《题为遵议翰林院侍讲姚文田等员修书错误处分事》①。

七月，撰《河南试牍序》。②

【按】《河南试牍序》无落款时间地点，因公撰《江苏试牍序》在提督江苏学政的次年七月，故参照系此事于此。

九月，转翰林院侍读③。

十月初八日，公有《奏请申明旧例严禁以文武生员诡充领催甲长事》④一折，奏请朝廷通谕各省督抚，严饬所属州县教职，严禁文武生员派充官役杂差。

【按】《清实录》"嘉庆十六年十二月下"载："壬戌（十八日），谕内阁，据姚文田《奏请严禁文武生员充膺领催甲长》一折，文武生员不准充膺官役杂差，载在《学政全

① 中国第一历史档案馆藏，档号：02-01-03-08912-002。
② 《邃雅堂集》卷之二。
③ 陈芳：《姚文田古音学研究》，博士学位论文，福建师范大学，2004年，第16页。
④ 中国第一历史档案馆藏，档号：03-1540-077。

书》，定例綦严。原以生员为齐民之秀，国家培养人材，身列胶庠者，各宜洁修自爱，岂可承充官役，自取侮辱。若州县官押令承充，即系显违定例，启伊等以交通官吏之门，此弊谅不独豫省为然。著通谕各省督抚，严饬所属州县教职，申明旧例，文武生员毋得派充官役杂差。从前有诡名滥充者，一概彻退，以肃学校而安里闾。"①

十月十五日，公上谢恩折《奏为奉旨转补翰林院侍读谢恩事》②，感谢皇上授予其翰林院侍读衔。

十二月初八日，公向朝廷上《奏为续行岁试南阳汝州郑州开封四棚情形事》③，报告南阳、汝州、郑州、开封四棚考试情形。

冬，公在郑州视学，夜宿试院，大风惊魂，遂有《郑州试院夜风》诗一首。其后之《许州城西八里谒汉寿亭侯祠，相传曹操饯别处》也当作于此时。④

【按】《郑州试院夜风》开篇云"欲雪未雪天气昏"，知是冬季。诗中描写夜间大风云："须臾大声出天地，蛟龙直掣潮涛奔。空堂黑夜疑有神，叫号撞突惊人魂。"

许州即今河南省许昌市。

约是年，公在河南视学时，从昌乐人阎学淳那里听到了曾祖姚淳

---

① 《清实录》第三一册，第400页。
② 中国第一历史档案馆藏，档号：04-01-12-0293-006。
③ 中国第一历史档案馆藏，档号：04-01-38-0121-012。
④ 《邃雅堂集》卷之九。

恪曾知昌乐县并有惠政的事迹。后阎君将之补入昌乐邑志。

【按】公《先世隐德记》云："后余视学河南，适昌乐人阎君学淳守彰德[1]，因与言我祖曾宰昌乐，有惠政。阎君曰：'吾邑志久不修，顷正重刊，当归视。'及检阅，则以岁久事阙载。余因取昌乐人吁请祀名宦原案，寄视之，其首列名即阎君曾祖前太史讳愉者也。阎君极叹事会之奇，即为补茸入志。"[2]

约是年，公为周以焯（嘉善人，穀城令）之妻董氏撰《董孺人墓志铭》。

【按】该墓志铭云："……孺人乃独留楚，即于是年十一月十有八日没于穀城寓舍，实嘉庆八年癸亥也，距生于乾隆三十六年七月二十七日，年三十有一。君闻之甚痛悼，以丧未即归。后八年，始诹吉于邑之一丰圩而营兆焉。"[3]故系于此。

嘉庆十七年，壬申，公元1812年。五十五岁

正月二十一日，公就在河南学政任上擢升右春坊右庶子向嘉庆皇

---

① 彰德府在今河北南部和河南北部一带，府治在今河南安阳市。
② 《邃雅堂集》卷之三。
③ 《邃雅堂集》卷之四。

帝上《题为补授右春坊右庶子仍留学政任谢恩事》。①

二月，公到陈州视学，有《陈州晓赴射场有怀故里》诗一首。② 长期在外奔波，公在诗中不时流露出思亲和思乡的情愫，如上年的《命诸生赋雁字漫成》诗中有"却惹闺人忆远游"句，而此诗诗题直接表达了思乡之情。

【按】公在"出郭路随旌骑转，朝陵人杂市廛迷"后自注云："土人以二月皆朝太昊陵。"

陈州即今河南淮阳县。

清明节，公在陈州驻留两个多月后，离开陈州，有《清明日发陈州》和《先在陈州试毕阻雨，主人留观剧一日，是日次太康行馆，却寄李竹醉振翥太守》诗二首。此后，又有诗《自柘城至归德》诗一首。公在归德时，宋荦的后人宋渊峒、宋渊岛以八种家刻著作相赠，并告诉公，家里还有很多藏书，公欣喜而作诗一首，即《宋生渊峒、渊岛，西陂后人也，以家刻八种见遗，询知其家积书尚多，喜而有作》。③

【按】《自柘城至归德》诗有"驱马出门去，问天还雨无"和"春涨生涡水"句，知仍在春天，且在连日雨后，故系于此。

归德府即今河南省商丘市。

---

① 中国第一历史档案馆藏，档号：02-01-005-023256-0013。此件在中国第一历史档案馆藏目录上的纪年是嘉庆十九年，当误，公已于嘉庆十八年离任河南学政，且其擢升右春坊右庶子的时间是嘉庆十七年。
② 《邃雅堂集》卷之九。
③ 《邃雅堂集》卷之九。

宋荦（1634—1713），字牧仲，号漫堂、西陂、绵津山人，晚号西陂老人、西陂放鸭翁。归德府（今河南商丘）人。清诗人、画家、政治家。历官湖广黄州通判、理藩院员外郎、山东按察使、江苏布政使和江西、江苏巡抚。康熙四十四年（1705）任吏部尚书。康熙五十二年（1713）加太子少师。为官正直，被康熙帝誉为"清廉为天下巡抚第一"。与朱彝尊、施闰章等人同称"康熙年间十大才子"。编著有《西陂类稿》五十卷、《漫堂说诗》及《江左十五子诗选》等。

春，公有《奏为经过河南各属麦苗获雨等各情形事》①一折，向朝廷反映河南农村的麦苗生长情况。

六月十六日，公向朝廷上《奏为通省岁试已竣情形事》②，报告河南全省岁试结束情形。

九月二十四日，公从孟县出发到洛阳，因河水太浅，不能正常行舟，只能由船工拉纤前行，由此想起了当年渡琼州海峡时遭遇的相同经历，遂赋《九月二十四日发孟县至洛阳，河水浅不能达，舟人牵两时许然后渡，因忆癸亥四月由琼州北还，亦以水浅留滞，河海，天下巨观也，然亦有涸时，物理安可尽乎？因呈同行诸子》诗纪之。③

秋，公继续辗转州县视学，也一路有诗。在睢州，清早期政治家、理学家汤斌的后人向公赠送汤斌遗著，公始知自己所录取的汤若寿、汤若澄、汤若沆、汤树桐等士子均为汤斌后裔，甚感欣慰，赋《睢州汤氏族人以文正遗书见贻，始知余所得士若寿、若澄、若沆、树桐皆

---

① 中国第一历史档案馆藏，档号：04-01-25-0436-013。
② 中国第一历史档案馆藏，档号：04-01-38-0122-005。
③ 《邃雅堂集》卷之九。

公裔孙，喜贤者之有后，因为赋此》诗一首。在延津时，公有《延津寄高明府崧》。后再赴覃怀，途中先至明月山登览，有诗《将赴覃怀先至明月山登凭虚阁》纪此游。到覃怀后，赋诗《再至覃怀即用幼子登明月山诗韵》纪之。有《试院墙后芦花和沈晓园》诗一首。①

【按】汤斌（1627—1687），字孔伯，号荆岘，又号潜庵，睢州（今河南睢县）人。清政治家、理学家和书法家。顺治年间进士，授国史院检讨。顺治初年，曾引用《宋史》《元史》成例为明臣抗节致死者鸣不平，得顺治帝慰勉。历任陕西潼关道、江西岭北道等职。康熙二十三年（1684），授江宁巡抚，在诸州县立社学，奖廉惩贪，吏治清廉。后任礼部尚书。为官清正廉明，是朱学理论的倡导者，被尊为"理学名臣"。著有《汤子遗书》十卷、《洛学篇》二卷。

明月山在今河南省焦作市博爱县。

《再至覃怀即用幼子登明月山诗韵》有公自注云："中州试院凡十四处，惟怀庆有蔷薇一本，其余并无一花。予尝以'浓阴似帐红薇晚'题试通郡士子。"此自注不仅说明了当年河南试院的数量，而且道出了他即兴出题考试士子的性情。从诗题看，公此次视学，幼子随行。

冬，微雪天气，公视学到陕州（今属河南省三门峡市陕州区），幼子随行，去时与归时各有《将发陕州雪》《陕州官舍后枕万锦滩，俯瞰河流，如在井底，廨后乔木参天，幽谷深邃，有小池自产鱼，相传即张

---

① 《邃雅堂集》卷之九。

伯英墨池也，上构小亭，随意登眺，则三晋诸山皆在亭下，清泉一泓，绕径屈曲，无处不到，余所见官署多构小园，若山川之雄丽、林壑之深秀，殆无逾此者，惜不得令画工绘作障子以资卧游，归途赋此简耿刺史育仁》。后诗感叹陕州官署景致之雄丽深秀。后一路顶风冒雪视学，一路有诗，为《渑池道中用东坡和子由韵》《夜宿渑池县》《宜阳新生于翀年八十二矣，见其志喜诗有"白发簪花分外红"之句，因成一律，书以畀之》《少林寺》《登嵩山谒岳神庙是日即宿山下》等诗。①

【按】诗二有"我来天气正微雪"句，诗四有"卧听夜半风鸣纸，愁说朝来雪满山"句，知作于冬天。末诗"后土尽龟坼，民命殊可怜"句，则表达了公对遭受旱灾的河南百姓的关心和同情。

十月九日，公与部属蔡香慧等冒雪自汝州经郏县回到永安寨，有《十月初九日归自汝州，雪中由郏县至永安寨，同蔡香慧作》诗，诗末自注云："时诸生有自数里外携酒来饯者。"② 可见中原学子对公的敬重和爱戴。

年底，公视学结束，返回开封学署，收到襄阳通守杨正邦寄来的《旋军图》和索题诗的信函，即赋诗一首，题曰《襄阳通守杨君正邦，余同砚友也，川楚军兴时，以州卒从事行间，后护凯旋兵还武昌，叙功得今官，年六十矣，因绘〈旋军图〉邮寄索题，即书其后》。同时另有《题单二渠〈山水知音图〉》题画诗一首。③

---

① 《邃雅堂集》卷之九。
② 《邃雅堂集》卷之九。
③ 《邃雅堂集》卷之九。

是年，公辑得《广陵事略》七卷，由开封节院刊印。此书是公编纂《嘉庆重修扬州府志》的副产品，由府志中的《事略》五卷、附《祥异》一卷、所增《建制沿革》一卷合辑而成。"是书记事，上起春秋吴筑邗城，下迄明末史可法抗清，而记历朝祥异则直至修志当年即嘉庆十四年（1809）。各朝依年代为序，先记大事，后附史籍所载相关人物事迹，征引广博，详略得当。间附考辨，亦极有见地。"①

是年，公所辑《四声易知录》四卷刊行。②

嘉庆十八年，癸酉，公元 1813 年。五十六岁

二月十八日，公上《奏为奉旨补授国子监祭酒谢恩事》③，感谢皇上授予自己国子监祭酒之职。

二月二十八日，河南巡抚长龄向朝廷呈报《奏为河南学政姚文田奉旨升任回京循例密陈考试声名事》④，按例就公河南学政任期届满向朝廷报告和评价他的工作。

三月初九日，公向朝廷呈报《题报交印日期事》，报告他向新任河南学政葛方晋交印的具体事宜。⑤

三月二十八日，公回到京城，受到嘉庆皇帝召见。他不顾河南巡抚长龄的私心，如实向皇上禀报了河南卫辉府的旱灾情况和百姓吃草根树皮糊口的凄惨状况，体现了他正直的品格和对民众疾苦的关心。《清实录》载："乙未，谕军机大臣等：本日姚文田到京，经朕召见，

---

① 王增清主编：《湖州文献考索》，社会科学文献出版社 2015 年版，第 203 页。
② 姚文田：《四声易知录》，清嘉庆十七年（1812）刻本，中国国家图书馆藏。
③ 中国第一历史档案馆藏，档号：04-01-12-0301-043。
④ 中国第一历史档案馆藏，档号：04-01-12-0301-048。
⑤ 中国第一历史档案馆藏，档号：02-01-005-023249-0037。

询问河南地方情形。据奏，卫辉府所属地方，去冬雪泽稀少，二麦多未播种，春闲又未得有透雨。虽于本月初七八等日得雨三四寸，因枯旱已久，大田仍未能翻犁耕种，贫民皆以草根树皮糊口度日。经过官道，两旁柳叶采食殆尽，缘该府地方，近三四年来总未大稔，粮价腾昂，是以民情倍形拮据，幸该府民风淳朴，闾阎尚各安静等语。豫省卫辉府地方，现在荒旱情形至于如此，长龄总未据实陈奏，岂竟听小民转徙沟壑，不为拯救。该抚系弃瑕录用之人，若玩视民瘼，意存讳饰，自问安能当此重咎？著传谕该抚，即将该处荒歉实在情形，应如何施恩调剂，俾小民不致流离失所之处，迅速由驿具奏。将此谕令知之。"①

【按】是年七月，长龄（1758—1838）被调离河南巡抚岗位，改任新疆乌鲁木齐都统。②

三月，公所作《癸酉三月奉召还京留别两河诸生》二诗对自己两年多的河南学政生涯做了总结，其一云："两载中州使节临，驰驱时念主恩深。虚堂悬镜诚吾事，老马知途是此心。病眼未苏云渐积，染髭无效雪全侵。门墙桃李知何似，伫见芳菲十亩阴。"其二云："列坐深惭绛帐悬，只将心迹对诸贤。每因苦志怜萤雪，多恐良才失杞梗。河岳人文归冶铸，孙汤道脉想薪传。南金东箭搜难尽，去马匆匆意惘然。"诗末又有自注云："余科试未毕者五郡。"③

春，公另有《长沙相国师〈涤砚图〉歌》《唐花二首》《春草

---

① 《清实录》第三一册，第627—628页。
② 参见《清实录》第三一册，第682页。
③ 《邃雅堂集》卷之九。

《雨后》等诗。①

九月二十八日，公向朝廷上《奏为敬陈近日吏治情形事》②，报告国子监吏治情况。

十月初四日，朝廷"命国子监祭酒姚文田在南书房行走"。③

十一月十五日，朝廷以"国子监祭酒姚文田为詹事府詹事"。④

十一月，公入直南书房不久，会因林清之变⑤，下诏求言，公疏陈，略谓："尧、舜、三代之治，不越教养两端：为民正趋向之路，知有长上，自不干左道之诛；为民广衣食之源，各保身家，自不致有为恶之意。近日南方患赋重，北方患徭多，民困官贫，急宜省事。久督抚任期，则州县供亿少，宽州县例议，则人才保全多。"⑥

是年，公任国子监祭酒后，亲自考察进士题名碑林，并撰《太学进士题名碑记考》。⑦

是年，公次孙女阿良出生。

嘉庆十九年，甲戌，公元1814年。五十七岁

正月初二日，"甲子，上御重华宫，茶宴廷臣及内廷翰林，以三友轩联句"⑧。公参加茶宴，并作《恭和御制〈新正二日茶宴诸王大学士

---

① 《邃雅堂集》卷之九。
② 中国第一历史档案馆藏，档号：03-1552-042。
③ 《清实录》第三一册，第 760 页。
④ 《清实录》第三一册，第 801 页。
⑤ 林清之变又称"林清事变"，是一起农民起义军进攻京城的事件。嘉庆十八年九月十五日，天理教起义军趁京城兵力空虚、防卫松懈之际，派一百多人潜入京城，在内线太监的引导下袭击皇宫，因清军拼力抵抗、援军及时赶到而败退。
⑥ 《清史稿》卷三百七十四。
⑦ 《邃雅堂集》卷之三。
⑧ 《清实录》第三一册，第 849—850 页。

及内廷翰林于重华宫以三友轩联句复成二律〉元韵》。

正月初八日，公搬入朝廷专为南书房和上书房词臣所设的澄怀园寓所居住，兴奋之余，赋《甲戌正月八日初至澄怀园呈赵侍郎》诗一首。①

【按】澄怀园在圆明园福园门南，绮春园西墙外，是圆明园的附属花园，俗称翰林花园。从雍正三年（1725）一直到咸丰朝，澄怀园一直是南书房和上书房翰林的值庐，这是清廷对汉族官员的礼遇。咸丰皇帝曾有诗云："墙西柳密花繁处，雅集应知有翰林。"

正月二十二日，嘉庆皇帝"谕内阁：姚文田《奏请急农桑缓刑狱》一折，国家政在养民，农桑者天下之大本。朕亲耕，后亲蚕，躬行为天下先，诚以民生所亟。一日不再食则饥，终岁不制衣则寒。布帛菽粟，其事至恒，而所关至巨。定例考核吏治，首列劝课农桑，所以责望牧令者莫要于此。古者物土之宜，耕九余三，岁有丰歉，民无冻馁；近者膏腴之产，多以莳烟，仓廪所储，兼以酿酒。地利未尽，禁令复弛，地方偶值偏灾，虽蠲赈频施，民犹不免饥寒。本务不修，无怪乎闾阎之贫且病也。著通谕直省督抚，各饬所属府州县官，务知朝廷贵农重粟之意，以劝课农桑为亟，境内沃壤，悉令树植嘉谷，有勤于南亩者，劳之相之；其糜谷病农者，抑之惩之。地产日丰，盖藏饶裕，衣食足而廉耻兴，富教之政，其庶几乎。至除莠所以安良，刑者不得已而用之。若讼狱繁兴，株累者众，其妨于农事者甚大。著问刑官吏，

_____

① 《邃雅堂集》卷之九。

遇有应讯案牍，务速为剖判曲直，严惩诬枉，勿得拖累无辜，以恤民生，以厚民俗。其各实力奉行勿怠"①。

二月十六日，公以行书书宋欧阳修"树色连云春泱漭，风光著草日晴明"诗句，赠漱泉三兄。

【按】此书作见雅昌艺术网拍卖图录。漱泉当为程寿龄。程寿龄生卒年无考，字漱泉，江苏甘泉人，嘉庆七年（1802）壬戌科进士，官太子庶子，精书画、音乐。

公一生创作了大量的书法作品，以楷书、行书为主，见藏于故宫博物院、台北故宫博物院、沈阳故宫博物院、湖州市博物馆、开封市美术馆等处，惜大多没有书写时间，故无法一一编入年谱。

二月二十八日，吏部尚书英和、署理吏部尚书潘世恩提名公为补授内阁学士人选之一。②

二月，公有《恭和御制〈陕甘总督长龄提督杨遇春巡抚朱勋奏报剿捕龚贵余匪净尽陕地肃清诗志感慰〉元韵》一首。③

【按】《清实录》"嘉庆十九年二月下"载："以生擒逆首龚贵，歼尽余匪，赏长龄骑都尉世职，并花翎。晋封陕西提督杨遇春一等男……"④

---

① 《清实录》第三一册，第 866—867 页。
② 《题为开列詹事府詹事姚文田等应升人员职名请旨简选一员补授内阁学士事》，中国第一历史档案馆藏，档号：02-01-03-09008-004。
③ 《邃雅堂集》卷之六。
④ 《清实录》第三一册，第 894 页。

二月二十九日，公作《恭和御制〈喜雪〉元韵》进御诗一首。①

闰二月初三日，朝廷"以詹事府詹事姚文田为内阁学士，兼礼部侍郎衔"。②

闰二月十六日，公的同乡好友王以衔由詹事府少詹事晋升为詹事③，公当有庆贺之举。

三月十二日，朝廷"命詹事府詹事王以衔提督江苏学政"④，公当有送行之举。

春，公作有进御诗《甲戌春帖子词》⑤。

五月初一日，朝廷"命吏部左侍郎秀宁、内阁学士姚文田教习庶吉士"。⑥

秋，杨正邦俸满入都，再向公索《旋军图》题诗。公爽快地答应了他的请求，作《杨三正邦以俸满入都，出〈旋军图〉，再题其后》。公在诗中忆叙了两人的深厚友谊："前别积一纪，后别增三年。忽忽廿七春，仅此会面缘。忆昔同研席，晨夕相随肩。宁知分飞翼，遂各东西天。……闻君方北来，使我望眼穿。促坐话畴昔，访旧思林泉。故人半鬼篆，存者无几焉。昔余齿最弱，今亦霜毛鲜。对君独惊诧，须鬓两尚元。重展〈旋军图〉，状貌犹依然。把酒欲起舞，染翰摅新篇。"⑦

【按】诗中有"再见秋月圆"句，当在秋日。

---

① 《邃雅堂集》卷之六。
② 《清实录》第三一册，第907页。
③ 参见《清实录》第三一册，第917页。
④ 《清实录》第三一册，第931页。
⑤ 《邃雅堂集》卷之六。
⑥ 《清实录》第三一册，第963页。
⑦ 《邃雅堂集》卷之九。

是年，公再次上疏，曰："上之于下，不患其不畏，而患其不爱。汉文吏治蒸蒸，不至于奸，爱故也。秦颛法律，衡石程书，一夫夜呼，乱者四起，畏故也。自数年来，开上控之端，刁民得逞其奸；大吏畏其京控，遇案亲提，讦诉不过一人，牵涉常至数十，农商废业，中道奔波，受胥吏折辱，甚至瘐死道毙。国家慎刑之意，亦曰有冤抑耳。从前马谭氏一案，至今未有正凶，无辜致毙者累累。是一冤未雪，而含冤者且数十人。承审官刑挞横加，以期得实，其中冤抑，正复不少。欲召天和，其可得乎？顷者林清构逆，搜捕四出，至今未已。小人意图见长，不能无殃及无辜，奉旨严禁，仰见皇上如天之仁。臣以为事愈多则扰愈众，莠民易逞机谋，良善惟增苦累。应令大小官吏，可结速结，无多株引，庶上下相爱，暴乱不作矣。至所谓养民之政，不外于农桑本务。大江以南，地不如中原之广，每岁漕储正供，为京畿所仰给者，无他，人力尽也。兖州以北，古称沃衍，河南一省，皆殷、周畿内；燕、赵之间，亦夙称富国。今则地成旷土，人尽惰民，安得不穷困而为盗贼？岁一歉收，先请缓征，稍甚则加蠲贷，又其甚则截漕发粟以赈之，所以耗国帑者何可算也。运河屡淤，东南漕未可恃，设有意外，何以处此？臣见历来保荐州县，必首列劝课农桑。其实尽属虚谈，从无过问。大吏奏报粮价，有市价至四五千钱，仅报二两内外，其于收成，又虚加分数，相习成风。但使董劝有方，行之一方而收利，自然争起相效，田野皆辟，水旱有资，岂必尽资官帑，善政乃行哉？民之犯刑，由于不率教，其不率教，由于衣食缺乏而廉耻不兴。其次第如此，故养民为首务也。"奏入，仁宗嘉纳之，特诏饬各省以劝课农桑为亟，速清讼狱，严惩诬枉。[①]

---

① 《清史稿》卷三百七十四。

嘉庆二十年，乙亥，公元 1815 年。五十八岁

正月八日，公参加嘉庆皇帝在重华宫举行的茶宴，作进御诗《恭和御制〈新正八日重华宫茶宴诸王大学士及内廷翰林等用穀日联句复成二律〉元韵》①。

初春，公以行书书明末清初诗人宋琬《九日同姜如农王西樵程穆倩诸君登慧光阁饮于竹圃分韵》等诗。

二月十二日，清廷组织编纂《御制秘殿珠林石渠宝笈三编》。公奉命与英和、黄钺负责此项工程，于是月二十九日入值。

【按】《清实录》"嘉庆二十年二月"载："戊辰……谕内阁：乾隆年间曾纂辑《秘殿珠林石渠宝笈》正、续二编，所有列圣宸翰暨古今臣工书画，业经缮写成书，尊藏秘阁。兹查续编成于乾隆癸丑，迄今二十三年。皇考圣学渊深，无美不备，染翰挥毫，收藏内府者，又积至千有余件之多。朕自丙辰授玺以来，几暇怡情，惟以翰墨为事。阅时既久，卷帙亦繁，应一并诠次，用志岁月。至内外臣工祝嘏抒诚，所进古今书画，亦复不少，允宜遵照前书定例，重为遴选，昭示来兹。著内廷翰林英和、黄钺、姚文田，分班至懋勤殿，悉心检阅。并添派翰林院侍读学士吴其彦，庶子张鳞，侍读顾皋，洗马朱方增，修撰吴信中、龙汝言，编修沈维鐈、胡敬八人，暂停其在馆差使，逐日随同缮写，俟办理完竣后，仍回本衙门供职。即于本月二十九日入直。朕在宫时，翰林等

---

① 《邃雅堂集》卷之六。

著由乾清门出入，遇朕驻园巡幸之日，著由内右门出入。其一切事宜均查照前例办理。"①

四月初八日，嘉庆皇帝祈雨回宫即逢雨，赋诗《喜雨（四月初八日）》一首。公随即和诗一首②。

四月二十四日，朝廷"以内阁学士姚文田为兵部右侍郎"。③

端午节，嘉庆皇帝召诸王和内廷诸臣观龙舟竞渡，有诗。公亦有《恭和御制〈端阳日召诸王内廷诸臣观龙舟诗以志事〉元韵》一首④。

七月十三日，久雨而晴，嘉庆皇帝赋《喜晴（七月十三日）》诗一首。公有和诗一首⑤。

七月十五日，公受命署理户部钱法堂事务。⑥

七月二十日，公随嘉庆皇帝去承德避暑山庄，有《恭和御制〈启跸幸避暑山庄即事成什〉元韵》诗一首。此后至九月初十日间，公有《恭和御制〈度青石梁〉元韵》《恭和御制〈双松书屋〉元韵》《恭和御制〈万树园试马〉元韵》和《恭和御制〈启跸幸木兰作〉元韵》等进御诗四首。

【按】《清实录》"嘉庆二十年七月"载："癸卯（二十日），上以秋狝木兰，自圆明园启銮。"⑦"嘉庆二十年九月"

---

① 《清实录》第三二册，第21页。
② 《邃雅堂集》卷之六。
③ 《清实录》第三二册，第53页。
④ 《邃雅堂集》卷之六。
⑤ 《邃雅堂集》卷之六。
⑥ 《为成格黄钺普恭俱派随围启銮著那并姚文田署理户部钱法堂事务及恩宁署理工部钱法堂事务事》，嘉庆二十年七月十五日（1815年8月19日），中国第一历史档案馆藏，档号：05-13-002-000563-0045。
⑦ 《清实录》第三二册，第97页。

载："癸未朔（初一），上行围，是日驻跸乌兰哈达南御营；甲申（初二），上行围……是日驻伊逊河东御营；乙酉（初三），上行围……是日驻跸六道河御营……己丑（初七）……是日驻避暑山庄，至辛卯（初九）皆如之。……壬辰（初十），上自避暑山庄回銮。……己亥（十七日），上回圆明园。"①

可知，嘉庆帝以秋狝，是年七月二十日自圆明园启跸，九月初十自避暑山庄回銮。其间，嘉庆帝作有《启跸幸避暑山庄即事成什》《度青石梁》《双松书屋》《万树园试马》②和《启跸幸木兰》③等诗。

姚文田和诗亦作于此段时间。《恭和御制〈度青石梁〉元韵》有"绝塞秋光拥髻鬟"句，《恭和御制〈万树园试马〉元韵》有"狝典乘秋举"句，《恭和御制〈启跸幸木兰作〉元韵》有"秋田遵旧宪"和"草枯狐迹浅，霜早鹿场凝"等句，描绘了秋狝场景。

十一月，公奉敕以楷书敬书嘉庆帝《御题名绘辑珍》册。此作品现藏台北故宫博物院。

嘉庆二十一年，丙子，公元 1816 年。五十九岁

正月二日，公参加嘉庆皇帝举办的重华宫茶宴和联句活动，有

① 《清实录》第三二册，第112—119页。
② 参见《（仁宗）御制诗三集》卷三十一，《清代诗文集汇编》四六二册，上海古籍出版社2010年版，第61、62、64、68页。
③ 参见《（仁宗）御制诗三集》卷三十二，《清代诗文集汇编》四六二册，上海古籍出版社2010年版，第70页。

《恭和御制〈新正二日重华宫茶宴诸王大学士内廷翰林及办书翰林等用《秘殿珠林石渠宝笈三编》联句复成二律〉元韵》①。

正月十六日，嘉庆皇帝小宴廷臣，有诗。公参加宴会，有《恭和御制〈上元后一日小宴廷臣〉元韵》一首②。

【按】《清实录》"嘉庆二十一年正月"载："丙申，上御正大光明殿，赐大学士、尚书等宴。"③

二月十四日，兵部破例向上给住歇官兵请赏马乾银两，被指"有心见好，邀誉沽名"。公因受牵连而遭处分，降一级留任。

【按】《清实录》"嘉庆二十一年二月"载："兵部奏请给住歇官兵马乾银两一折，得意：此项随从官兵所领官马，自三月初一日起至初九日止，在京住歇，例无应得乾银。即如朕每年秋狝木兰，先期驻跸热河，几及一月，或暂于中途驻跸，该官兵等原领官马，均无计日给与乾银之例。兵部既无办过成案，此次何以率请赏给乾银？殊属有心见好，邀誉沽名。所有兵部承办司员，著交部加等议处。兵部堂官，著交部议处。董诰甫经管理兵部，著加恩宽免。寻议上，得旨：兵部率请赏给随从官兵住歇马乾银两一事，朕召见该部堂官，屡经询问，系承办司员先行具稿呈堂，该堂官等并无先出主见之人，亦未公商，遂以次画诺。是邀誉之举，先由于该司

① 《邃雅堂集》卷之六。
② 《邃雅堂集》卷之六。
③ 《清实录》第三二册，第184页。

员，所有部议降三级留任之郎中增寿、永恒，俱著改为实降一级，以兵部员外郎补用。姚文田在内廷行走，未能常川到署，著加恩改为降一级留任。余依议。"①

春，公有《丙子春帖子词》一首。②

四月小满，公有《恭和御制〈涵虚堂对雨〉元韵》诗一首。③

四月十六日，朝廷"调兵部右侍郎姚文田为礼部右侍郎"。④公作《丙子四月由兵侍改礼侍》诗一首纪之。⑤

六月十二日，公调户部左侍郎。⑥

闰六月，《御制秘殿珠林石渠宝笈三编》编竣，共一百一十二册。公用楷体书写了《御制秘殿珠林石渠宝笈三编序》。该书作为册页，纸本6开，纵13.2厘米，横32.4厘米，笔画流畅，运笔沉着劲健，具有遒逸俊爽之美，现藏故宫博物院。⑦

夏，酷爱书法的户部尚书索绰络·英和喜得一方刻有赵孟頫书《曹娥碑》、曾为项元汴收藏的砚屏，公赋《赵文敏书〈曹娥碑〉砚屏歌为煦斋太宰赋》诗一首，表达祝贺和羡慕之情，同时希望得到一份拓本。诗云："吴兴书迹妙入神，小字骎骎逼羲献。此碑规格出右军，运法常兼褚登善。……煦斋尚书书凤工，遇之不异千金玩。物归得所亦可喜，我独摩娑发长叹。余家旧住魏公里，手迹留传今罕见。至宝

---

① 《清实录》第三二册，第198页。
② 《邃雅堂集》卷之六。
③ 《邃雅堂集》卷之六。
④ 《清实录》第三二册，第215页。
⑤ 《邃雅堂集》卷之九。
⑥ 参见《清实录》第三二册，第228页。
⑦ 见《宋书房〈书斋长物〉周四精品推荐——〈秘殿珠林石渠宝笈〉三编》，2019年8月29日，https://www.sohu.com/a/337443328_488238，2024年5月21日。

真宜逾白珩，赏心更拟题黄绢。蛾眉一选入高门，可许他人长识面。砚山豪夺吾不敢，但求拓本娱清燕。"①

【按】此诗写作时间不明，但在《邃雅堂集》卷之九中编次在《丙子四月由兵侍改礼侍》和《仲秋扈从热河，上亲射鹿获之，颁赐近臣，文田亦幸与焉，恭纪》之间，故系于此。

索绰络·英和（1771—1840），初名石桐，字树琴，一字定圃，号煦斋，别号粤溪生，索绰络氏，满洲正白旗人。清大臣、书法家。乾隆五十八年（1793）进士，选庶吉士，散馆后授编修。官至军机大臣，户部尚书，协办大学士，加太子太保衔。著有《恩福堂诗集笔记》《恩庆堂集》《卜魁集纪略》等。

秋，公应表叔张镜湖之请，为撰《烟波钓叟图序》。序文开篇曰："嘉庆丙子秋，表叔张君镜湖以书来京师，属余为作《烟波钓叟图序》。"②是年，公另有《题张秋槎〈烟波钓叟行照〉》《又寄秋槎》二诗③，或作于同一时段。

七月十八日至九月十六日，公随从嘉庆皇帝赴热河，赋《仲秋扈从热河，上亲射鹿获之，颁赐近臣，文田亦幸与焉，恭纪》《伊逊河水极甘美，伊逊华言九曲也，俗名羊肠河，在围场中》《有馈伊逊河鲈鱼

---

① 《邃雅堂集》卷之九。
② 《邃雅堂集》卷之二。
③ 《邃雅堂集》卷之九。

者，味甚美》诗三首。①此行，公另有《恭和御制〈出古北口〉元韵》《恭和御制〈塞山秋霁〉元韵》《恭和御制〈山窗晴望〉元韵》《恭和御制〈木兰行狝述志〉元韵》和御诗四首。

【按】《清实录》"嘉庆二十一年七月"载："乙丑，上以秋狝木兰，自圆明园启銮。""乙亥，上御如意洲，赐扈从王公、大臣、蒙古王、贝勒、贝子、公、额驸、台吉等食，并赏赉有差。""嘉庆二十一年八月"载："壬辰，上自避暑山庄启銮幸木兰。"乙未、丙申、丁酉、戊戌、庚子、辛丑、壬寅、癸卯、甲辰、乙巳、丙午等日，均有"上行围"的记载。"嘉庆二十一年九月"的丁未、戊申两日也有"上行围"的记载。又载："乙卯，上自避暑山庄回銮。""壬戌，上还圆明园。"②

九月二十六日，嘉庆皇帝到音图围猎，命公和军机大臣等随行观猎，公在兴奋感恩之余，赋《九月廿六日上幸音图行围，命文田随同军机大臣至行幄赐食观围，恭纪》诗一首。这首诗生动地描写了皇家围猎的壮观场面："……初时残月照岭明，四山人马无行声。渐闻发响出岩谷，星移雷动列队盈。壮士齐肩马齐足，屹然不动如金城。御骝却傍南山去，黄纛前迎首归路。沙间草际乱纵横，麋鹿惊奔杂狐兔。……"随后，公又随游赤峰，作有《将出哨门，有地名乌兰达哈，华言赤峰也，冈峦层叠，奇秀独绝》诗一首。③

---

① 《邃雅堂集》卷之九。
② 《清实录》第三二册，第245—259页。
③ 《邃雅堂集》卷之九。

十月二十八日，因是年立冬日得微雪，各省先前也连报得雪，嘉庆皇帝欣喜之余，赋《喜雪十二韵（十月二十八日）》。公遂作和诗一首①。

十一月十八日，夫人周瑶六十寿诞，公赋《内子六十初度》诗二首，充分表达了公对夫人的真挚爱情。诗云："画楼犹记薄寒天，锦瑟刚调帝女弦。觅句就花憎晼晚，举杯邀月爱婵娟。竟无丹药留春住，忽对霜华入鬓鲜。初度正当长至后，愿将添线比添年。""已逝流光那复还，别离细数尚缘悭。早因贫贱长为客，老供驱驰又不闲。且索梅花开笑口，更倾竹叶借酡颜。年来学得长生诀，须劚芝苓向故山。"②

冬，公好友胡梁园以时文集就商，公为之论定编次，不久，胡氏即病逝。此后某岁二月，公同年吴文照致信于公，请公为胡梁园遗集作序，公遂作《胡梁园诗序》。

【按】公《胡梁园诗序》云："老友胡梁园农部以嘉庆丙子冬没于京师，其未没之前月，出所制时文集属余商定。余视其謑诟意甚迫，因亟论次。归之未数日，梁园遽疾作，竟以不起。……兹岁二月，同年吴君文照宰香山，以书来索序，始知其遗集在吴君处。"③

冬，公另有《妻弟周三以勋寄示先公所绘〈课诗图〉，为思其母戴宜人作者，因题长句》诗一首。④

---

① 《邃雅堂集》卷之六。
② 《邃雅堂集》卷之九。
③ 《邃雅堂文集续编》。
④ 《邃雅堂集》卷之九。

冬，瑞雪迎春，雪后，宫廷内按例令禁兵扫培宫树并颁赏赉，嘉庆皇帝赋《迎春楼对雪》《堆雪》诗二首，公亦有《恭和御制〈迎春楼对雪〉元韵》《恭和御制〈堆雪〉元韵》诗二首。①

嘉庆二十二年，丁丑，公元 1817 年。六十岁

正月初二日，公参加嘉庆皇帝在重华宫举行的茶宴，赋《恭和御制〈新正二日重华宫茶宴诸王大学士及内廷翰林等用《南薰殿奉藏图像》联句复成二律〉元韵》②。

【按】《清实录》"嘉庆二十二年正月"载："丙午，上御重华宫，茶宴廷臣及内廷翰林，以《南薰殿奉藏图像》联句。"③

正月初十丑时，父亲侧室张氏去世，享年四十二岁。张氏以子加椽官安徽候补典史，例赠孺人。④

正月十六日，嘉庆皇帝照例"御光明正大殿，赐大学士、尚书等宴"⑤，有诗。公也有《恭和御制〈上元后一日小宴廷臣即席成什〉元韵》诗一首。⑥

三月初六日，公"典会试"⑦。据《邃雅堂集》卷之二《嘉庆丁丑

---

① 《邃雅堂集》卷之六。
② 《邃雅堂集》卷之六。
③ 《清实录》第三二册，第 294—295 页。
④ 《姚氏家乘》卷四。
⑤ 《清实录》第三二册，第 300 页。
⑥ 《邃雅堂集》卷之六。
⑦ 《清史稿》卷三百七十四。

科会试录后序》，此次会试，曹振镛、戴均元为正总裁，公与秀宁副之。

【按】《清实录》"嘉庆二十二年三月"载："己酉……以礼部左侍郎多山、太常寺卿韩鼎晋知贡举。大学士曹振镛、吏部尚书戴均元为会试正考官，户部左侍郎姚文田、刑部左侍郎秀宁为副考官。"①

三月二十六日，公由户部左侍郎调任右侍郎。

【按】《清实录》"嘉庆二十二年三月"载："戊辰，以户部右侍郎卢荫溥为礼部尚书，调户部左侍郎姚文田为右侍郎，礼部右侍郎黄钺为户部左侍郎。以内阁学士汤金钊为礼部右侍郎，仍留江苏学政任。"②

四月十一日，公作《恭和御制〈香山喜雨（四月十一日）〉元韵》诗一首。③

四月十六日，公为《东台县志》撰写序言。《东台县志序》开篇云："郡县之有志，与国史同，疆域有分并，制度有沿革，皆将备书。其不同者，史于贤否并录，志则存善去恶，为稍异耳。"④阐明了公的史志观，道明了史与志的异同。

七月十八日至九月十九日，公随从嘉庆皇帝赴关外行狝，其间作

---

① 《清实录》第三二册，第 322 页。
② 《清实录》第三二册，第 327—328 页。
③ 《邃雅堂集》卷之六。
④ 《邃雅堂集》卷之二。

有《恭和御制〈时雨吟〉元韵》《恭和御制〈霞标〉元韵》《恭和御制〈山近轩〉元韵》《恭和御制〈创得斋〉元韵》《恭和御制〈策马至四面云山亭子纪胜〉元韵》《恭和御制〈入崖口〉元韵》《恭和御制〈度布克岭〉元韵》《恭和御制〈塞山大猎〉元韵》等诗。①

【按】《清实录》"嘉庆二十二年七月"载:"庚申,上以秋狝木兰自圆明园启銮。""丙寅,上至热河……是日驻跸避暑山庄,至八月丙戌皆如之。""嘉庆二十二年八月"载:"辛卯,上行围,是日驻跸布克御营。""嘉庆二十二年九月"载:"癸丑,上自避暑山庄回銮。""庚申,上还圆明园。"②

创得斋在承德避暑山庄,是乾隆皇帝创建的书斋。《恭和御制〈入崖口〉元韵》《恭和御制〈塞山大猎〉元韵》二首描写了皇家"木兰秋狝"的壮观场面。后诗有"晓张行幄对围场,记取《豳风》第四章。圣主宣威真有赫,雄藩献技各殊常"的描写。前诗更有"羽骑蹋开沙草浅,旌旗回闪曙霞明。纵横雉兔林中出,迤递冈峦马首迎。千二百人森列队,迎銮须记最先程"的场景描写。

七月,公以违例保送不胜外任之郎中钱学彬,被下部议处,议降二级留任。③

九月九日重阳节,公招王勿庵、毛吟树诸同年游崇效寺,登陶然亭,欲游龙泉寺未果,遂携酒菜到中书舍人赵象庵斋中饮酒赏菊,王

---

① 《邃雅堂集》卷之六。
② 《清实录》第三二册,第383、387、396、408页。
③ 《姚氏家乘》卷十五《文僖公传》。

勿庵作长歌一首，公本想仿效，但未得暇，十日后方成一诗，诗题曰《丁丑重九日，招同王勿庵、毛吟树、吴美存、白小山、吴荷屋诸同年游崇效寺，登陶然亭，将之龙泉寺，不果，各携肴核尊酒至赵象庵舍人斋中赏菊，勿庵即日成长歌一章，余屡欲步后尘，苦卒卒未暇也，后旬日始成是作》。①

【按】诗中有公自注云："勿庵与余同举于乡，余皆己未同年也。"勿庵即乾隆六十年（1795）状元王以衔。

王以衔（1761—1823），字署冰，号勿庵、凤丹。籍贯归安县。能诗文，善书法，为时人所重。王以铻兄。乾隆五十四年（1789）举人。乾隆六十年（1795），与弟赴京会试，主考官、左都御史窦光鼐取其弟第一，他为第二，权相和珅攻讦窦有私，后再试，王以衔列二等第四，王以铻列三等七十一名。殿试后，王以衔为状元，授翰林院修撰。数充顺天、江西乡试考官，提督江苏学政。嘉庆十四年（1809）迁国子监司业，升右庶子，入直南书房，擢翰林侍讲学士、入直上书房。历侍读学士、詹事府詹事、内阁学士、工部左侍郎、礼部右侍郎等职。帝赏其博学多才，居官端谨。道光初，帝以其精力渐衰，免上书房师傅职，专理部务。其故居尚存，在菱湖镇东栅路，俗称状元厅。②

毛吟树即毛谟（1774—1827），字谔亭，号吟树。归安县（今属湖州）人。书法家、学者。未出生即已丧父，由母姚

---

① 《邃雅堂集》卷之九。
② 沈文泉编著：《湖州进士名录》，浙江古籍出版社 2016 年版，第 225 页。

氏抚养成人。少贫苦，性耿介。清嘉庆四年（1799）二甲第三十八名进士，授翰林院编修。迁国子监司业、翰林院侍讲学士、侍读学士、詹事府詹事等职，终内阁学士兼礼部侍郎。为官清廉，博学善文，精通小学。著有《韵字略》十卷、《说文检字》二卷《补遗》一卷。[①]

吴其彦（1779—1823），字美存。河南固始人。嘉庆四年（1799）进士，授编修。官至兵部右侍郎。屡掌文衡，凡同考顺天乡试者四，典江西、湖南乡试各一，所得士皆有名于时。

白镕（1769—1842），字小山。通州人。嘉庆四年（1799）进士，授编修。后为詹事府少詹事，兼内阁学士。道光年间先后任广东、江苏两省学政，都察院左都御史，工部尚书，翰林院掌院学士。

吴荣光前已有介绍。

秋，内务府从公的俸银中扣除了秋冬两季的房租。[②]

十月十九日，一夜大雪激发了嘉庆皇帝的诗兴，赋诗《夜雪达曙志喜》一首。公即作《恭和御制〈夜雪达曙志喜〉元韵》相和。[③]

十一月初三日，嘉庆皇帝有《喜雪》诗一首，后又有《斋宫对雪》一首。公均有和诗[④]。

---

① 沈文泉编著：《湖州名人志》，杭州出版社 2009 年版，第 305 页。
② 《为知照户部右堂姚文田等应支嘉庆二十二年秋冬二季恩正俸银内坐扣过房租银两数目事致内务府等》，嘉庆二十二年八月三十日（1817 年 10 月 10 日），中国第一历史档案馆藏，档号：05-13-002-001921-0049。
③ 《邃雅堂集》卷之六。
④ 《邃雅堂集》卷之六。

【按】公《恭和御制〈斋宫对雪〉元韵》首二句云："六花飘洒亦依旬，三度飞霙又此辰。"因是年十月初十日、十月十九日、十一月初三日俱有雪，故云。

冬，公有《陶给谏澍视漕江南，时天寒冰冻，给谏祷于露筋祠，一夕冰尽解，漕艘既渡辄复合，因请于朝，封昭灵普惠之神，祠曰"贞应"，同人作诗记其事》诗一首。①

【按】陶澍（1779—1839），字子霖、子云，号云汀，晚号髯樵，又号桃花渔者。湖南安化人。嘉庆七年（1802）进士，授庶吉士，任翰林院编修，后升御史，先后调任山西、四川、福建、安徽等省布政使和巡抚。道光十年（1830）任两江总督，后加太子少保。为官清廉，功绩显著，卒后赠太子太保衔，谥号"文毅"，入祀贤良祠。著有《印心石屋诗抄》《蜀輶日记》《陶文毅公全集》等。

露筋祠在江苏高邮，是为了纪念一位贞女而修建的。

除夕，公作《戊寅春帖子词》一首，辞旧迎新。②

【按】诗开头有"爆竹将辞岁，吹葭已报春"句，知作于辞旧迎新的除夕。

---

① 《邃雅堂集》卷之九。
② 《邃雅堂集》卷之六。

嘉庆二十三年，戊寅，公元1818年。六十一岁

正月初二日，公照例参加重华宫茶宴，并有《恭和御制〈新正二日重华宫茶宴诸王大学士及内廷翰林等用盛京风土联句复成二律〉元韵》。①

正月十五元宵节，嘉庆皇帝有《上元灯词》诗一首，公以《恭和御制〈上元灯词〉元韵》和之。

三月初一日，公为舅沈光正撰《午庭沈公墓表》。②

三月初三日至二十一日，公随从嘉庆皇帝谒西陵，并到北京南苑的南海子参加南苑行围活动，其间赋《恭和御制〈季春南苑〉元韵》《恭和御制〈听雨楼〉元韵》《恭和御制〈西红门甸猎〉元韵》等诗。③

【按】《清实录》"嘉庆二十三年三月"载："庚子……启銮恭谒西陵。""己酉……是日回銮，驻跸秋澜行宫。""丁巳，上御演武厅阅健锐营操。""戊午，上还圆明园。"④

北京方志馆在介绍南苑行围时说："嘉庆十七年（1812）三月，嘉庆帝在南苑举行他在位期间的唯一一次大阅，这也是清朝最后一次大阅。"但姚文田《恭和御制〈季春南苑〉元韵》诗中有"搜田举典记年年"这样的诗句，他在此诗句下注解说："每岁，命皇子等至南苑行围。间岁，上必亲莅。"因姚文田是皇帝近臣，又是直接的参与者，故从之。

---

① 《邃雅堂集》卷之六。
② 《邃雅堂集》卷之四。
③ 《邃雅堂集》卷之六。
④ 《清实录》第三二册，第487、491—492页。

《恭和御制〈听雨楼〉元韵》诗中"宸游稽典方宣武"句即指南苑行围。

三月二十六日，公被派随嘉庆皇帝东巡盛京。

【按】《清实录》"嘉庆二十三年三月"载："癸亥，谕内阁，此次单开应派随往盛京之王公大臣京堂，内仪亲王于嘉庆十年曾经随往，成亲王于乾隆年间随往一次，又于嘉庆十二年恭送实录玉牒派往一次，庆郡王永璘亦曾随往两次，此次俱无庸随往。著派奕劻、绵志、奕纶、奕绍、托津、裕恩、载铨、奕经、戴均元、普恭、卢荫溥、禧恩、那彦宝、姚文田、哈宁阿、穆彰阿、彭希濂、陆以庄、和世泰、博启图、宝瑛、吴信中、善禄、常起、英桂、额尔登布、福泰、阿那保、百顺、阿勒精阿、哈郎阿、双庆、张自兴、赛冲阿、鄂勒哲依图、常喜、奕礼、那苏巴图、布都尔呼那、玛呢巴达喇、索特纳木多布斋、安福、安成、格布舍、苏尔慎、吉勒通阿、额勒经额、富永随往，其未派各员，俱不准渎请。"①

春，南苑行围之后，嘉庆皇帝有《见新耕者》诗一首。公作《恭和御制〈见新耕者〉元韵》相和，诗中描写了柳树吐绿、麦苗生长的春天景象和"扶犁向南亩，叱犊勤东作"的春耕场景。

五月，公手录卦书一卷，并跋云："此卷传自岳庆山樵，乃借牌以求数，其实探筹，报字皆可数，不必定用牌也。曩又见有岭南人本

---

① 《清实录》第三二册，第494页。

占词，甚鄙，疑为椎论之始，而此特以文言润色焉。又，彼以十五起数，每三数为一等，自上上至下下，凡五等。此则以十二起数，亦上下分五等。愚按十二者，周天躔次之数也；十五者，洛书纵横之数也；五等者，河图五位之数也。是十二、十五，理皆可通，而十五尤匀整。至每等各得二十五象，则即河图五奇之数也。每三变而成一象，则即大易画卦之数也。依数穷理，具有本源，用能占事，知来而受命，如响学者，其无忽诸。戊寅仲夏日，秋农手录并记。"①

六月，公资助好友严可均在江宁（今南京）孙星衍的冶城山馆刊印了重要学术著作《说文校议》。②

六月，公书有行书扇面"假令薄解草书"一幅。③

【按】该书法作品的落款时间为"戊寅长夏"，"长夏"指农历六月。

七月二十八日，公随嘉庆皇帝东巡盛京，于八月二十五日谒永陵，后又谒福陵、昭陵，参加盛大的祭祖和祭祀天坛、文庙、地坛典礼。礼成，九月十六日嘉庆帝回銮，顺道遣官祭昭西陵、孝陵、孝东陵、景陵、裕陵。公为《圣驾东巡盛京，祗谒祖陵，礼成恭纪》五言排律二百韵，歌颂大清先帝们的丰功伟绩，恭记祭祖盛典，后编入《邃雅堂集》卷之五。此次东巡，公另有《恭和御制〈时雨深透转歉望丰感荷天慈抒吟志喜〉元韵》《恭和御制〈东巡盛京叩谒祖陵启跸作用乙丑

---

① 此卷由湖州市南浔区善琏镇和平村姚姓宗亲收藏。
② 参见李士彪、吴雨晴：《辑佚大家——严可均传》，浙江人民出版社2008年版，第193页。
③ 《崇绮、姚文田书法（二件）扇面》，2013年6月2日，https://auction.artron.net/paimai-art5032570059，2024年5月21日。

诗韵〉元韵》《恭和御制〈恭依皇考山海关四依皇祖元韵〉元韵》《恭和御制〈过中前所中后所〉元韵》《恭和御制〈恭谒永陵〉元韵》《恭和御制〈恭谒福陵〉元韵》《恭和御制〈恭谒昭陵〉元韵》《恭和御制〈广宁道中恭依皇考诗韵〉元韵》《恭和御制〈至盛京再依皇考癸卯七言长律十四韵元韵〉元韵》《恭和御制〈盛京回跸即事成什〉元韵》《恭和御制〈喜晴〉元韵》《恭和御制〈秋热〉元韵》《恭和御制〈望杏山松山即事〉元韵》《恭和御制〈萨尔浒咏事〉元韵》《恭和御制〈习射〉元韵》《恭和御制〈崇政殿筵宴皇子亲藩即席成什〉元韵》《恭和御制〈大政殿敬纪〉元韵》《恭和御制〈策马过宗室营房诗以志意〉元韵》《恭和御制〈秋获〉元韵》《恭和御制〈觉华岛咏事〉元韵》《恭和御制〈观海〉元韵》等诗。其中《恭和〈御制时雨深透转歉望丰感荷天慈抒吟志喜〉元韵》有"夏畦普洽谁犹病，秋稼繁登预报丰"句，描写了庄稼在夏雨的滋润下，丰收在望的喜人景象。①

【按】后，公又作《圣驾再诣盛京，祗谒祖陵，礼成恭纪》，其序云："皇帝二十三年秋，载勤鸾辂，躬诣陪都，将有事于三陵，所以遵旧章，抒圣孝也……末学芜陋，忝操简翰，久侍清禁，又幸与扈从之末，辄不自揆，敬效周京诗人之义，为清雅三篇，谨拜手稽首以献。"②

《清实录》"嘉庆二十三年七月"载："甲子（二十八日），上启銮，命皇次子智亲王旻宁、皇四子绵忻随驾。命庄亲王绵课，大学士曹镛、章煦，尚书英和、和宁留京办事。"③

① 《邃雅堂集》卷之六
② 《邃雅堂集》卷之五。
③ 《清实录》第三二册，第558页。

《清实录》"嘉庆二十三年八月"载："辛卯（二十五日），上恭谒永陵，未至碑亭，即降舆恸哭，步入启运门诣宝城前行礼，恭奠哀恸。王以下文武大臣官员均随行礼。"根据《清实录》的记载，九月一日、二日谒福陵、昭陵后，三日又至盛京谒太庙，五日祭天坛、文庙，七日祭地坛，十六日回銮，十月十一日还宫。①

中前所、中后所分别在今辽宁兴城市西南八十里和一百六十五里处。

九月初二日，公以前在礼部侍郎任内颁发科场条例时刊刻高宗纯皇帝庙号有误，被下部议处，降四级调用。九月十四日，嘉庆皇帝以公在内廷行走勤慎，且不能常川到署，加恩改为降四级留任。②

【按】《清实录》"嘉庆二十三年九月上"载："丁酉……又谕：绵课等奏，查明科场条例先经刊刻错误，颁发后续行更正，分别定拟一折。礼部颁行科场条例，恭载高宗纯皇帝庙号，有刊刻错误字样，于颁发后始行校出更正，非寻常错误可比。原校不慎之郎中孔昭虔，著即革职。穆克登额、戴均元、宝兴、多山、姚文田，著交吏部都察院严加议处，速行由报具奏。"③

《清实录》"嘉庆二十三年九月上"载："己酉，谕内阁，礼部刊刻科场条例，于恭载高宗纯皇帝庙号致有讹误，非寻

---

① 参见《清实录》第三二册，第571—597页。
② 《姚氏家乘》卷十五《文僖公传》。
③ 《清实录》第三二册，第572—573页。

常疏忽可比。惟'宗'字讹作'祖'字，同为尊崇隆号，尚与字义舛谬者有间。吏部等衙门议将穆克登额、宝兴、多山、姚文田各降四级调用。戴均元任内有革职留任之案，议以革任，尚可量予施恩。戴均元前此办理河工，及在京办理部务，均属尽心出力，著格外加恩，改为革职留任。穆克登额历任年久，办事亦尚细心；姚文田在内廷行走勤慎，且不能常川到署，俱著加恩改为降四级留任。多山甫任侍郎，即不留心公事，人亦平庸。宝兴任礼部侍郎较久，且前在上书房授读，全不尽心，其咎较重，本应照部议降调，姑念戴均元等业已施恩，该二人亦予从宽。多山著降一级调用，宝兴著降二级调用。"①

十月十六日，公奉旨为文华殿大学士、领班军机大臣、上书房总师傅董诰（1740—1818）撰《太傅董文恭公行状》。②

是年，公应门人、刑部山西司郎中赵炳言之请，为其八年前去世的父亲赵连撰《历赠中宪大夫刑部山西司郎中赵君墓表》。③

【按】赵炳言（1782—1850），字竹泉。籍贯归安县。嘉庆十三年（1808）举人。嘉庆二十二年（1817）登第，二甲第十五名。授刑部主事。补山西司员外郎、郎中，湖北副考官等职。道光六年（1826）任松江（今属上海）知府，捐俸捐款疏浚泖湖。十一年（1831）任江宁（今属南京）知

---

① 《清实录》第三二册，第 581—582 页。
② 《邃雅堂集》卷之四。
③ 《邃雅堂文集续编》。

府，赈恤饥民四十余万。次年擢广东惠潮嘉兵备道。十三年（1833）升湖南按察使，署湖南布政使，疏浚荆江支流华容河一百五十里，除水患。三年后迁甘肃布政使，因前时失察，降广西按察使，迁江西布政使。二十一年（1841）任湖北巡抚，兼署湖广总督，自粜米千石赈济灾民。二十九年（1849）调任湖南巡抚，授刑部右侍郎。其故居在湖州衣裳街竹安巷。①

据该墓表，赵连（1750—1810），初名琏，字商珍，号检亭。浙江归安（今属湖州）人。以子赵炳言贵，赠中宪大夫、刑部山西司郎中。

嘉庆二十四年，己卯，公元1819年。六十二岁

正月初一日，朝廷同时颁发诰命，赠公之曾祖父母、本生曾祖父母、本生祖父母和父母光禄大夫、一品夫人。

【按】《户部右侍郎兼管钱法堂事务加三级姚文田曾祖父母诰命》曰：奉天承运，皇帝制曰：盛代酬庸之典，申锡命于五章；良臣报本之荣，极推恩于四世。载嘉旧德，爰沛新纶，尔中书科中书姚德升，乃户部右侍郎兼管钱法堂事务加三级姚文田之曾祖父，善以开先业、能昌后，一经垂教，诗礼之泽，孔长八行贻休，弓冶之传自远，既隆门绪，宜贲天章。兹以覃恩，赠尔为光禄大夫，如其官，锡之诰命。于戏！

① 沈文泉编著：《湖州进士名录》，浙江古籍出版社2016年版，第233页。

卿材擅誉，邀宠渥于中朝；世德流芬，树芳声于来祀。钦承显命，用阐幽光。制曰：荣施诞贲于荩臣，再推三世余庆克延于后嗣，亦本中闱。嘉命载颁，徽音益远。尔沈氏乃户部右侍郎兼管钱法堂事务加三级姚文田之曾祖母，柔嘉维则，淑慎其仪，蕴粹含章。凤协宜家之化明，诗习礼用，宏启后之模。爰集介福于曾孙，尚溯芳型于累世。兹以覃恩，赠尔为一品夫人。于戏！龙章丕焕，扬门祚之休声；象服增华，树珩璜之高矩。幽潜式阐，宠渥钦承。诰命。嘉庆二十四年正月初一日之宝。

《户部右侍郎兼管钱法堂事务加三级姚文田本生曾祖父母诰命》曰：奉天承运，皇帝制曰：宗绪延麻，礼特重于为后，德门垂裕，恩宜逮所自生，用嘉报本之忱，更广追荣之典。尔职监生姚德谦，乃户部右侍郎兼管钱法堂事务加三级姚文田之本生曾祖父，绩学有闻，好善不倦。衍诗书之世泽，三传竟掇巍科；绍清白之家声，七命还跻崇秩。渊源有自，宠渥宜加。兹以覃恩，貤赠尔为光禄大夫，如其官，锡之诰命。于戏！澍雨流根，兄弟并膺纶綍；恩晖及远，云礽勿替箕裘。嘉命钦承，芳声永播。制曰：淑德相承，休问早传。清阃鸿章，用贲重闱。并沐殊荣，宠命式敷，恩施无斁。尔沈氏乃户部右侍郎兼管钱法堂事务加三级姚文田之本生曾祖母，礼娴内则，誉擅女宗。娣姒皆贤，实一门之竞爽；宗支载衍，历数叶而弥光。令范长垂，温纶宜被。兹以覃恩，貤赠尔为一品夫人。于戏！懋嘉绩于良臣，四世犹征懿教；播徽音于慈母，百年共仰芳型。爰锡天章，永辉泉壤。制曰：传家积庆之麻，必溯原于始出。国重推恩之典，自无间于所生，爰锡温纶，以昭彝宪。尔许氏乃户部右侍郎兼管钱法堂事务加三级姚文田本生曾祖母，敬以持躬，慈能裕后。殚恭勤以相主，夙夜无违本清。俭以传家，门闾益大。宜家懿范，同予崇褒。兹以覃恩，貤赠尔为一品夫人。于戏！旌善不嫌于匹嫡，自当礼以义兴；流徽已逮于重孙，犹是母因子贵。载扬令问，永被休光。诰命。嘉庆二十四年正月初一日之宝。

《户部右侍郎兼管钱法堂事务加三级姚文田本生祖父母诰命》曰：奉天承运，皇帝制曰：贻厥孙谋，令德克传为家范，服乃祖训，殊恩用锡夫朝章。俾服皇休，曲成臣孝。尔岁贡生、前赠承德郎、翰林院修撰加一级姚世孝，乃户部右侍郎兼管钱法堂事务加三级姚文田之祖父，德能垂后，业足开先。积行累仁，越再传而滋大；流光笃庆，历三世而弥昌。既丕佑乎后人，宜崇褒其先烈。兹以覃恩，晋赠尔为光禄大夫，如其官，锡之诰命。于戏！源远流长，允裕造家之泽；根深枝茂，益昭报国之猷。宠绶钦承，幽徽式显。制曰：良臣奏绪，溯积累于先型；淑行垂休，逮恩荣于大母。聿征壶德，爰贲朝章。尔前赠安人沈氏，乃户部右侍郎兼管钱法堂事务加三级姚文田之祖母，慈著含饴，教先诒榖。徽流女史，令仪永播。家风善裕孙谋，介福愈昌门祚。芳音是茂，硕行予嘉。兹以覃恩，晋赠尔为一品夫人。于戏！誉美崇班，用锡重闱之庆；荣膺宠服，长敷奕叶之辉。被厥殊恩，彰之世范。诰命。嘉庆二十四年正月初一日之宝。

《户部右侍郎兼管钱法堂事务加三级姚文田父母诰命》曰：奉天承运，皇帝制曰：移孝作忠，用著维桢之美事；君资父端，由式穀之贻。念堂构之克膺，宜丝纶之载贲。尔增监生、前赠承德郎、翰林院修撰加一级姚益治，乃户部右侍郎兼管钱法堂事务加三级姚文田之父，躬懋懿修，世推淳德。泽流弓冶，裕家学于庭闱；庆衍门闾，亮天工于邦国。令名允称，殊典庸加。兹以覃恩，晋赠尔为光禄大夫，如其官，锡之诰命。于戏！领玉署之清衔，生叨美报；资月卿之分职，没有余荣。休命钦承，来昆丕佑。制曰：名擅卿材，效绩常资乎懿训；功崇王国，育德实始于慈闱。式榖方规，俾承休宠。尔前赠安人沈氏，乃户部右侍郎兼管钱法堂事务加三级姚文田之母，柔嘉秉质，令德垂型。造次必于礼仪，正身率下；读书能通义训，以母兼师。令问久昭，鸿施宜沛。兹以覃恩，晋赠尔为一品夫人。于戏！鸾书锡庆，伸乌哺之恩私；象服增荣，慰熊丸之勤苦。钦承嘉命，永播徽音。诰命。嘉庆二十四年正月初一日之宝。①

正月初二日，公参加重华宫茶宴，有《恭和御制〈新正二日重华宫茶宴诸王大学士及内廷翰林等用马远《豳风图》联句复成二律〉元韵》诗一首。②

【按】《清实录》"嘉庆二十四年正月"载："乙未，上……御重华宫，茶宴廷臣及内廷翰林，以马远《豳风图》联句。"③

---

① 《姚氏家乘》卷十。
② 《邃雅堂集》卷之六。
③ 《清实录》第三二册，第654页。

正月初三日，嘉庆皇帝幸圆明园，公随行，遇雪，作《恭和御制〈新正幸圆明园欣逢瑞雪即景成吟〉元韵》《恭和御制〈夜雪朝晴喜成长律〉元韵》诗二首。

【按】《清实录》"嘉庆二十四年正月"载："丁酉，上……幸圆明园。诣安佑宫行礼。以瑞雪普沾，加赏八旗及内务府三旗兵丁半月钱粮。"①

正月十九日，嘉庆皇帝小宴廷臣，公参与宴会，有《恭和御制〈燕九日小宴廷臣即席成什〉元韵》诗一首。

【按】燕九日即燕九节，在正月十九日，相传为道教全真道掌教丘处机的诞辰。

三月初一日，公作《先府君行状》，追记其父一生事迹。②
三月初七日，嘉庆皇帝耕耤，礼亲王等三王、吏部右侍郎周系英与公等九位大臣从耕。

【按】《清实录》"嘉庆二十四年三月"载："己亥，上耕耤，诣先农坛行礼，更服，至耤田所，躬耕三推，复加一推。命礼亲王麟趾、郑亲王乌尔恭阿、顺承郡王伦柱，各五推。吏部右侍郎周系英、户部右侍郎姚文田、署礼部右侍郎王宗

①　《清实录》第三二册，第654页。
②　《遂雅堂集》卷之四。

诚、署兵部右侍郎吴芳培、刑部右侍郎彭希濂、工部右侍郎
陆以庄、都察院左副都御史善庆、通政使司通政使奎耀、大
理寺卿龄椿，各九推。毕，顺天府府尹率农夫终亩，赏赉农
夫耆老如例。"①

三月初九日，因御史于德培参奏公等从耕失仪，嘉庆皇帝降旨
查处。

【按】《清实录》"嘉庆二十四年三月"载："辛丑……
谕内阁：御史于德培参奏九卿从耕未及九推一折，所参甚是。
本年耕耤，朕因祗谒东陵，即于是日启銮，是以躬耕后不御
观耕台，然必四推四返礼成，始行启跸，并先期降旨，谕知
坛内有执事人员，俱无庸赴朝阳门外送驾，俾令从容成礼。
乃是日三王仍照常行五推礼。其九卿于王等五推五返后，东
班即先散去。西班周系英徘徊观望，又一推一返而散。彭希
濂则一推后，并未亲手扶犁，实属怠玩。三王等虽系循分将
事，然以视九卿，则能知以典礼为重，殊堪嘉奖，著各赏加
纪录一次。该九卿等以特派从耕，朕偶未亲观，辄如此玩
泄，若派赴外省专办一事，更不知如何怠忽，不可不严行惩
创。著留京王大臣查明，交吏部、都察院严加议处，一两报
内，即行具奏。御史于德培在西班监礼，即据实参奏，著赏
加纪录二次。其东班监礼御史，系属何员，著留京王大臣查
明。如同在监礼，仅止不行参奏，著交部议处。若先行散去，

①《清实录》第三二册，第685页。

并未在彼监礼，著交部严加议处。"①

三月十二日，御史于德培参奏公等从耕失仪之事，经查不实，嘉庆皇帝降旨处罚。

【按】《清实录》"嘉庆二十四年三月"载："甲辰，谕内阁：前据御史于德培参奏，九卿从耕，俱未九推成礼，朕以九卿等特派从耕，如此玩泄，实属可恶，当降旨交留京办事王大臣查明，交吏部、都察院严加议处。兹据绵课等奏称，饬传礼部、鸿胪寺、顺天府各执事人员，并东班监礼之御史舒英、蒋云宽，西班监礼之御史托明，逐加询问，佥称'东西两班从耕九卿，均系九推九返。周系英因耕牛行迟，于八推八返后，见东班先已礼成，自言尚少一推，如何就散，因即补足一推。彭希濂则因耕牛行疾，伊病后步迟，扶犁脱手二次，亦仍九推九返，礼成方散'等语。从耕事关典礼，如果该九卿等俱未成礼而散，则其咎甚重。议上时朕必将伊等概予罢黜，断不以人数众多，稍从宽纵。今查明，是日九卿从耕俱已九推，其先后参差不齐，系因耕牛迟速之故。朕向来观耕时曾经目睹。周系英见东班礼成，自计推数补足，均毫无不合。惟彭希濂脱犁二次，实属失仪，业已降二级调用，罚无可加。著与周系英、姚文田、王宗诚、吴芳培、陆以庄、善庆、奎耀、龄椿，均毋庸严议。东班监礼御史舒英、蒋云宽，无可议处。英和自请交议之处，亦毋庸议。至三王等从

① 《清实录》第三二册，第686页。

耕礼成，本系照常之事，前因与九卿相较，是以各赏加纪录一次，今既同系成礼，其所加纪录，著即撤销。于德培与托明同在西班监礼，见彭希濂扶犁脱手二次，理应会同参奏，如托明徇情不肯列衔，即应将托明一并参奏。此事非封章条奏可比，乃一人单衔具奏，并率称九卿俱未成礼，不顾事之轻重虚实，妄劾多人，其意何居？朕办理庶政，一秉至公，从无成见。于德培甫经擢任言官，如此多事，实属冒昧浮躁，著将纪录撤销，交部议处。托明于彭希濂愆仪之处，并未会参，亦属无能，著交部察议。此次议处察议，英和、周系英不必与闻，其余堂官秉公议奏。寻议上，得旨。于德培降一级，以六部主事用，托明降一级留任，不准抵销。"①

春，公另有《恭和御制〈春雪〉元韵》诗一首。②

四月二十日，公充殿试读卷官。③

【按】《清实录》"嘉庆二十四年四月"载："辛巳……以大学士托津、章煦，礼部尚书汪廷珍，吏部左侍郎王鼎、右侍郎周系英，户部右侍郎姚文田，刑部左侍郎帅承瀛，工部右侍郎陆以庄为殿试读卷官。"④

---

① 《清实录》第三二册，第 687—688 页。
② 《邃雅堂集》卷之六。
③ 《姚氏家乘》卷十五《文僖公传》。
④ 《清实录》第三二册，第 698 页。

四月二十一日，嘉庆皇帝在保和殿主持殿试，公以读卷官身份参与。

【按】《清实录》"嘉庆二十四年四月"载："壬午……策试天下贡士费庚吉等二百二十四人于保和殿。"①

四月二十四日，嘉庆皇帝御养心殿召见公等八位殿试读卷官，亲自阅定进呈的十卷甲第。②

四月二十五日，嘉庆皇帝御太和殿传胪，赐一甲陈沆、杨九畹、胡达源三人进士及第，二甲孙起端等九十九人进士出身，三甲陈嘉谟等一百二十二人同进士出身。③公等八位殿试读卷官当参与此次传胪活动。

闰四月二十二日，公有《恭和御制〈喜雨〉元韵》诗一首。④

五月五日端阳日，公有一行草书便笺，云："王张之践陟，有是心，恐不能举，或者为其一准来奉约不爽。王已在廿六日到此，若兄恐诸公舍践例，最好幸图之。元果尚未面见，当已尊与。草草先布，不画画为。今日到家，甚冗也。嘉庆己卯端阳日，姚文田。"⑤

五月二十四日，嘉庆皇帝指示内阁，对《秘殿珠林石渠宝笈三编》纂辑错误有关官员进行处罚。公没有受到处罚，说明公在这项工作中

---

① 《清实录》第三二册，第698页。
② 参见《清实录》第三二册，第702页。
③ 参见《清实录》第三二册，第702页。
④ 《邃雅堂集》卷之六。
⑤ 姚林宝：《创建东亚文化之都 | 湖州姚文田的家风家训故事》，2023年9月18日，https://nthh.media.hugd.com/pages/2023/09/18/b33339a939cd4002bb1554ac25c0988b.html?_xhOutLink=xh&contentType=1&id=b33339a939cd4002bb1554ac25c0988b&praise=1&shareAppId=6edfb16544f3410195919ec712d1d6fa，2024年9月2日。

是很认真负责的，也体现了很高的业务素养。

【按】《清实录》"嘉庆二十四年五月"载："甲申，谕内阁：朕前命纂办《石渠宝笈续编》，以南书房翰林英和、黄钺、姚文田三人董其事，复于翰林中选派吴其彦等八人，随同编辑。书成时，英和自请捐资缮录陈设本十分，并因伊所管事务较繁，奏明不能自行校对，仍责成吴其彦等八人分册详校，各于卷后注明何人恭校，以免推诿。嗣于装潢进呈后，将乙部一分陈设御园，以备披览。朕于几余不时检阅，借以遣暇。此内吴其彦、张鳞、吴信中所校各册，讹误尚少。其余字画脱落、偏旁错误，经朕逐条签出者，每册多有。惟龙汝言所校，已积至百余处，均发交南书房随时更正，从未加以谴责。昨阅至第二十函第一册，内恭载高宗纯皇帝庙号，'帝'字脱落，非寻常错误可比，不可不加以惩处。英和虽未能自校，亦难辞咎，著罚尚书俸三年。龙汝言精神不周，办事粗疏，无庸交部议处，著即革职回籍。"①

六月二十日，公有《恭和御制〈秋雨〉元韵》诗一首。②
八月初六日，公由户部右侍郎署理工部左侍郎。

【按】《清实录》"嘉庆二十四年八月"载："乙未，以礼部尚书汪廷珍署吏部尚书，兵部尚书戴联奎署工部尚书，

① 《清实录》第三二册，第730—731页。
② 《邃雅堂集》卷之六。

礼部左侍郎和桂署吏部左侍郎，户部右侍郎姚文田署工部左侍郎。"①

九月二十九日，公由户部右侍郎转为左侍郎。

【按】《清实录》"嘉庆二十四年九月"载："戊子……转户部右侍郎姚文田为左侍郎，调刑部右侍郎王鼎为户部右侍郎，以福建巡抚吴邦庆为刑部右侍郎……"②

九月初五日，公提督江苏学政。③长儿媳恽氏病逝于山东济宁南下江苏的船上。

【按】《清实录》"嘉庆二十四年九月"载："甲子……命太常寺少卿桂黔为奉天府府丞兼提督学政，内阁学士吴其彦提督顺天学政，户部右侍郎姚文田提督江苏学政……"④

秋，公又有《恭和御制〈澄霁楼〉元韵》《恭和御制〈河决志事〉元韵》诗二首。⑤

【按】二诗编排在一起，前诗中有"寥天""碧澄""沙渚出"等词，应作于秋季。

---

① 《清实录》第三二册，第 759 页。
② 《清实录》第三二册，第 784 页。
③ 《清史稿》卷三百七十四。
④ 《清实录》第三二册，第 774—775 页。
⑤ 《邃雅堂集》卷之六。

十月初六日或前几日，公仿"成相辞"四十章，合为一篇，庆祝嘉庆皇帝六十寿辰。①

【按】嘉庆皇帝的生日是十月初六日。

十月廿七日亥时，夫人周瑶病逝于山东济宁南下江苏的船上，享年六十三岁，后与夫合葬于湖州南门外芦泉圩。周氏与公育有子培宣、培赏，其中培赏出继给公同父同母之幼弟加果；另有一女。周氏于嘉庆二十五年（1820）获赠一品夫人。②

【按】公侧室王氏（1805—1839）与公育有子培勤。王氏因子培勤任户部主事加三级，同治元年（1862）获赠恭人。辛后葬下庚村。③

十一月十六日，公向朝廷呈报《奏报到任日期事》④，报告到任江苏学政任上事宜。

十一月二十日，公向朝廷呈报《题报接印日期事》，报告接掌江苏学政关防事宜。⑤

十二月一日，公在整理夫人遗物时发现了一帧"少时所绘行照"，睹物思人，回忆起四十年恩爱深情，遂撰《题红蕉阁主人遗照》一文，内云："忆夫人尝言：'伉俪相爱，人之常情，独我两人四十年来未尝

① 《邃雅堂集》卷之五。
② 《姚氏家乘》卷五。
③ 《姚氏家乘》卷五。
④ 中国第一历史档案馆藏，档号：04-01-12-0339-125。
⑤ 中国第一历史档案馆藏，档号：02-01-005-023284-0049。

有一言忤，殆人所难能，后身事安可知，愿百年相保而已。'何图中道变生，斯言竟不克践也。昔赵文敏于夫人管之没痛至几不欲生，自念贫苦相依，诸艰备历，今歘焉分背，曾不获诀别一言，老怀何以堪此？……检行箧，有少时所绘行照，因书此以志悼。夫人初归予，学为小诗，甚清丽。尝有寄予诗云：'凉月半轮秋，披襟独倚楼。银河水清浅，脉脉望牵牛。'又答予《渡太湖寄内》诗云：'已闻黄叶下秋波，两地离愁谁较多。愿得曲湖归赐日，为君亲手织渔蓑。'后困于家计，不复作，遗稿亦遂散失，可惜也。嘉庆己卯十二月朔日，姚文田手题。"①

十二月二日，公于《题红蕉阁主人遗照》文后补记一段文字，追忆长儿媳恽氏。

十二月十一日，两江总督孙玉庭向朝廷呈报《奏为循例汇奏江苏学政姚文田等声名事》②。

冬，公应松江知府宋如林之请，为《重修松江府志》作序。公《重修松江府志序》云："嘉庆己卯冬，余奉命视学江苏，松江太守宋君以重修府志来乞弁言。"③

冬，到江阴澄江学使者署寻求公帮助的严可均离开江阴回乡。严可均何时到江阴无考。④

冬，公结识任游击的四川人周志林，在了解了他的人生经历后，有感而发，为撰《游击周君徵言序》。⑤

冬，公有《梅谢》诗一首，借景抒情，借梅花凋谢写自己失去爱

① 《邃雅堂集》卷之三。
② 中国第一历史档案馆藏，档号：04-01-12-0339-053。
③ 《邃雅堂集》卷之二。
④ 参见李士彪、吴雨晴：《辑佚大家——严可均传》，浙江人民出版社 2008 年版，第 194 页。
⑤ 《邃雅堂集》卷之二。

妻之痛。诗云："冰雪仙姿不易逢，忽看零落怨霜风。屐痕踏处香犹在，画手传来影亦空。庾岭旧游时有忆，孤山清梦更谁同。凄凉怕听邻家笛，肠断高楼一曲中。"①

【按】此诗虽写作时间不明，但编次在《芙蓉城》前，故系于此。

是年，公为鄞州童槐的《水石居图》题诗一首，即《题童水部槐〈水石居图〉，为思其考甬川翁而作者》。②

【按】诗中有"自余始通籍，廿载别邦族"句。"通籍"指进士初及第，公嘉庆四年（1799）高中状元，故系于此。

童槐（1773—1857），字晋三，又字树眉，号萼君，浙江鄞县（今宁波市鄞州区）人。清嘉庆十年（1805）进士，充军机处行走。历官江西、山东按察使、通政司副使等职。道光三年（1823）病归，在宁波月湖畔择地建造宅邸"今白华堂"，即银台第。八十五岁卒于家。著有《今白华堂集》《过庭笔记》等。

除夕，公在江阴过年，作《芙蓉城》一首。诗前序云："澄江地多芙蓉，故名，除夕感旧，怅然有作。"③

---

① 《邃雅堂集》卷之九。
② 《邃雅堂集》卷之九。
③ 《邃雅堂集》卷之九。

【按】此诗编次在《邃雅堂集》卷之九最末，因该卷所收诗歌"起嘉庆乙丑，至己卯"，故系于此。且据诗后半部分"寒夜迢迢孤梦断，残年寂寂一灯明。碧云怅望人何在，地久天长是此情"，推断作于夫人去世后。

嘉庆二十五年，庚辰，公元 1820 年。六十三岁

正月十九日，公上《奏为捧到"余福如意"谢恩事》①一折，感谢皇上恩赐"余福如意"书法作品。

正月二十六日，公向朝廷上《题为铸换江苏学政关防请旨事》②，报告更新江苏学政关防事宜。

三月二十日，两江总督孙玉庭按例向朝廷呈报《奏为查明学政姚文田阅文幕友名数籍贯事》③，报告公在江苏学政署的幕僚人数和籍贯等情况。

四月初七日，公向朝廷上《奏为考试苏州等府州情形事》④，报告苏州等府州岁试情形。

七月一日，公在澄江学使官廨撰《江苏试牍序》。序文款署"嘉庆二十五年七月朔日，书于澄江学使官廨"。⑤

七月二十五日，嘉庆皇帝驾崩于承德避暑山庄。

【按】《清实录》"嘉庆二十五年七月下"载："己卯，上

---

① 中国第一历史档案馆藏，档号：04-01-12-0341-055。
② 中国第一历史档案馆藏，档号：02-01-005-023293-0044。
③ 中国第一历史档案馆藏，档号：04-01-38-0132-023。
④ 中国第一历史档案馆藏，档号：04-01-38-0132-027。
⑤ 《邃雅堂集》卷之二。

不豫。……戌刻，上崩于避暑山庄行殿寝宫。"①

七月，公于科试江南之际，觅得榕似公姚延著木主。

【按】公《重建姚公祠记》云："嘉庆己巳岁，遇金陵人
蔡君观潮于维扬，询以祠之存否。……后十年而文田奉命至
江南，将以校士亲诣，先属朱学博南枝为之重访，则三公祠
亦无存者，为怅然者久之。兹岁七月，因科试再诣学博之门
人刘生如骐，竟于鸡鸣寺中得公木主，询之寺僧广度，言数
年前其师容山见山下败祠有此，因移寺供奉。容山已先没，
其祠址皆不能知矣。"②公上年九月提督江苏学政，故将此条
系于此。

八月初十日，公以户部左侍郎身份上奏，请节哀。③同日，公另有
《奏为大行皇帝龙驭上宾哀恸失声沥陈下悃事》④。

八月二十七日，爱新觉罗·旻宁（1782—1850）登基，为清宣宗
道光皇帝。大清王朝进入道光时代。

八月，公在江苏主持院试，识得青年才俊夏子龄，录取其入江阴
县学。

【按】夏子龄（1806—1870），字祝三，又字百初、伯

---

① 《清实录》第三二册，第937页。
② 《邃雅堂集》卷之三。
③ 《奏请节哀事》，中国第一历史档案馆藏，档号：03-1616-008。
④ 中国第一历史档案馆藏，档号：04-01-14-0055-024。

初，江苏江阴人。缪荃孙《夏百初先生传》云："先生幼慧，出应童子试，为学使姚文僖公所识拔，取古学，入邑庠。"①
夏子龄道光十六年（1836）会试时高中会元，殿试为二甲三十八名进士。历知河南汲县、直隶深泽、饶阳，后为易州直隶州知州。

清代童子试又称"童试"，分县试、府试和院试三个阶段，县试一般在每年二月举行，府试试期多在四月，院试三年之内举行两次，在八月。公上年九月提督江苏学政时已过院试时间，故系于此。

秋，公应明忠臣魏忠节大中（1575—1625）后人之请，为撰《魏忠节孝烈两先生画像记》。②

十月二十二日，朝廷颁发诰命，授公阶光禄大夫，赠周瑶一品夫人。

【按】《户部左侍郎加六级提督江苏学政姚文田并妻诰命》曰：奉天承运，皇帝制曰：任士作贡，经邦资天府之储；节用阜生，分职重地官之贰。民功果著，国典宜加。尔户部左侍郎加六级、提督江苏等处学政姚文田，虑综精详，才优繁巨。修和克奏，恪遵九式之规；钧石常调，懋举三等之绩。既度支之能副，自宠锡之诞膺。庆典欣逢，纶章特贲，兹以覃恩，特授尔阶光禄大夫，锡之诰命。于戏！月要岁会，佐

---

① 缪荃孙：《艺风堂文集（全二册）》，朝华出版社2017年版，第92页。
② 《邃雅堂集》卷之三。

邦家出入之经；锡命分荣，厉臣子始终之节。祗承尔服，勉尽攸司。初任内阁中书，二任甲寅科顺天乡试受卷官，三任文渊阁检阅，四任军机处行走，五任翰林院修撰，六任充高宗实录馆纂修官，七任充庚申科广东乡试正考官，八任从辛酉科福建乡试正考官，九任广东提督学政，十任充乙酉科殿试管卷官，十一任乙酉科教习庶吉士，十二任充日讲起居注官，十三任充文渊阁校理，十四任充丁卯科山东乡试正考官，十五任国史馆总纂官，十六任河南提督学政，十七任充日讲起居注官，十八任右春坊右中允，十九任翰林院侍讲，二十任翰林院侍读，二十一任右春坊右庶子，二十二任国子监祭酒，二十三任南书房行走，二十四任詹事府詹事，二十五任内阁学士兼礼部侍郎，二十六任稽察中书科事务，二十七任充文渊阁直阁事，二十八任充甲戌科朝考读卷官，二十九任甲戌科教习庶吉士，三十任兵部右侍郎，三十一任署理户部钱法堂事务，三十二任礼部右侍郎，三十三任户部左侍郎，三十四任充丁丑科会试副总裁，三十五任户部右侍郎管理钱法堂事务，三十六任充己卯科殿试读卷官，三十七任充己卯科朝考读卷官，三十八任署工部左侍郎，三十九任户部左侍郎，四十任任江苏提督学政。

制曰：职重中朝，允藉公忠之佐；德先内助，必资淑慎之仪。载贲丝纶，用光闺阃。尔前封安人、户部左侍郎加六级提督江苏学政姚文田之妻周氏，闲家维则，秉礼无愆。黾勉同心，退食厉自公之节；谋猷克赞，进思抒报国之忱。特沛彝章，俾膺休宠。兹以覃恩，赠尔为一品夫人。于戏！妇顺与臣共同道义，贵有终国章，并家乘偕辉，恩隆勿替。式承巽渥，长荷殊施。诰命。嘉庆二十五年十月二十二日之宝。①

是年，公兄加荣以公任户部左侍郎，覃恩貤赠光禄大夫，配貤封一品夫人。②

是年，公次孙女阿良因患痢疾，不治夭折，年仅八岁，公哀痛不已。

【按】公《两女孙哀辞》云："（恽氏病逝之）明年，阿良病痢，药寒温杂，投无效，昼夜数十起。予中夜往视，必谆谆言：'公且休，吾病无患。'既革，其父方卧病，谓乳媪：'吾欲视爹去。'媪劝止不能。得归，促衣履毕，遽化去。其孝于亲，盖天性然，欲一见为永诀耳。予之悲乃弥甚矣。"③

是年，公为外弟沈琪撰《江南海防河务同知沈君墓志铭》。

【按】该墓志铭云："兹君之孤尚锦等来请志其墓，谊不可辞。君讳琪，字中修，树轩其自号。……君生于乾隆辛巳正月二十日，卒于嘉庆庚辰六月初三日。"④故系于此。

---

① 《姚氏家乘》卷十。
② 《姚氏家乘》卷十七。
③ 《邃雅堂集》卷之三。
④ 《邃雅堂集》卷之四。

道光元年，辛巳，公元 1821 年。六十四岁

正月，金坛县学校舍重修工程竣工，公应请为撰《重修金坛儒学记》。①

二月十六日，公向朝廷上《奏报考过通扬镇三属岁试情形事》②，报告通州（今南通）、扬州、镇江等三府岁试情形。

二月二十一日，公上《奏为恩赏〈钦定明鉴〉谢恩事》③一折，感谢皇上赏赐《钦定明鉴》一书。

【按】《钦定明鉴》二十四卷首一卷，清托津等撰，有嘉庆二十五年（1820）扬州书局刻本。是书仿《唐鉴》体例，辑录明代史事，专论有明一代政治得失，不仅是研学明史之书，而且为后世清帝施政之鉴戒。卷首一卷为"明传世图"，详细介绍了明代皇室谱系，对明史研究颇有助力。

三月初八日，公上《奏报由江阴起程途经江苏常州等处地方察看雨雪苗情事》④一折，向朝廷报告苏南雨雪和农作物生长情况。

四月初八浴佛日，公以小楷书写《心经》一幅。

五月十四日，公向朝廷上《奏为江苏通省岁考全毕并徐州接行科试情形事》⑤和《奏陈东南漕务情形历数官吏浮取折扣等弊事》⑥，报

---

① 《邃雅堂文集续编》。
② 中国第一历史档案馆藏，档号：03-3650-009。
③ 中国第一历史档案馆藏，档号：04-01-12-0349-061。
④ 中国第一历史档案馆藏，档号：03-3400-052。
⑤ 中国第一历史档案馆藏，档号：04-01-38-0133-010。
⑥ 中国第一历史档案馆藏，档号：03-3102-071。

告江苏全省岁考完成情况，反映东南漕运存在的问题。

五月二十八日，公向朝廷上《奏报徐州有人指控铜山县知县陈稷田有命案和浮收等情形事》①，上报民情。

六月十八日，公为获赏《御制诗三集》上《奏为受赏〈御制诗三集〉谢恩事》。②

【按】"御制诗"指皇帝所作的诗。此处公获赐的应当是嘉庆皇帝撰、托津等编的《御制诗三集》，该集凡六十四卷目录四卷，有嘉庆二十四年（1819）武英殿刻本。嘉庆皇帝还撰有：《御制诗初集》四十八卷目录六卷，庆桂等编，嘉庆八年（1803）武英殿刻本；《御制诗二集》六十四卷目录八卷，庆桂等编，嘉庆十六年（1811）武英殿刻本；《御制诗余集》六卷，托津等编，道光年武英殿刻本。

六月，协办大学士、两江总督孙玉庭等议禁漕务浮收，明定八折，实许其加二。公疏陈积弊曰："乾隆三十年以前，并无所谓浮收。厥后生齿日繁，物价踊贵，官民交困，然犹止就斛面浮取而已。未几而有折扣之举，始每石不过折耗数升，继乃至五折、六折不等。小民终岁勤动，事畜不赡，势必与官抗。官即从而制之，所举以为民罪者三：曰抗粮，曰包完，曰挪交丑米。民间零星小户、贫苦之家，拖欠势所必有。若家有数十百亩之产，竟置官赋于不问，实事所绝无。今之所谓抗粮者，如业户应完若干石，多赍一二成以备折收，书吏等先以淋

---

① 中国第一历史档案馆藏，档号：03-3650-021。
② 中国第一历史档案馆藏，档号：03-2511-014。

尖、踢脚、洒散多方糜耗，是已不敷；再以折扣计算，如准作七折，便须再加三四成，业户必至争执。闻有原米运回，州县即指为抗欠，此其由也。包完者，寡弱之户，转交有力者代为输纳。然官吏果甚公正，何庸托人？可不烦言而自破。民间运米进仓，男妇老幼进城守待，阴雨湿露，犹百计保护，恐米色变伤。谓其特以丑米捱交，殆非人情。惟年岁不齐，米色不能画一，亦间有之。然官吏非执此三者，不能相制，生监暂革，齐民拘禁，俟其补交，然后请释。不知此皆良民，非莠民也。此小民不能上达之实情也。然州县亦有不能不尔者，自开仓讫兑运，修整仓厫芦席、竹木、绳索、油烛百需，幕丁胥役修饭工食，加以运丁需索津贴滋甚，至其平日廉俸公项不能敷用。无论大小公事，一到即须出钱料理。即如办一徒罪之犯，自初详至结案，约须百数十金。案愈巨则费愈多。递解人犯，运送粮鞘，事事皆需费用。若不取之于民，谨厚者奉身而退，贪婪者非向词讼生发不可，吏治更不可问。彼思他弊获咎愈重，不若浮收为上下咸知，故甘受民怨而不惜。其藉以自肥者固多，而迫于不获已者盖亦不少。言事者动称'不肖州县'，州县亦人耳，何至一行作吏，便行同苟贱？此又州县不能上达之实情也。州县受掊克之名，而运丁阴受其益，然亦有不能不然者。昔时运道深通，运丁或藉来往携货售卖以赡用；后因黄河屡经倒灌，运道受害，虑其船重难行，严禁多带货物。又从前回空带盐，不甚搜查；近因盐商力绌，未免算及琐屑，而各丁出息遂尽。加以运道日浅，反多添夫拨浅之费。此费不出之州县，更无所出。此又运丁不能上达之实情也。数年前因津贴日增，于是定例只准给三百两。运丁实不济用，则重船不能开，州县必获咎戾，不免私自增给，是所谓三百两者虚名耳。顷又以浮收过甚，严禁收漕不得过八折。州县入不敷出，则强者不敢与较，弱者仍肆朘削，是所谓八折者亦虚名耳。然民间执词抗官，官必设法钳制，而事端因以滋生，皆出于民心之不服。若将此不靖之民尽法惩处，则既困浮收，复陷法网，民心恐愈不平。若一味姑容隐忍，则小民开犯上之风，将致不必收漕，而亦目无官长。其于纪纲法度，所关实为匪细。"疏入，下部议。时在廷诸臣多以为言，文田持议切中时弊，最得其平。诏禁浮收，裁革运丁陋规，八折之议遂寝。①

【按】《清实录》"道光元年六月下"载："丁酉……谕军机大臣等：前据姚文田奏'漕务法久弊生，小民苦州县之浮收，州县患旗丁之勒索，而旗丁又因沿途需费浩繁，势必多索津贴，恐所定津贴旗丁每船银三百两，及现在严禁州县收漕不得过八折之数，亦属虚名，请筹议兼全善术'等语。当降旨令军机大臣会同户部议奏。今据覆奏，运丁之疲乏，屡经筹给津贴，毋庸再议。惟州县浮收，积习难返，致累闾阎，必任法而兼任人，方能遵行无弊。著各该督抚及漕运总督、仓场侍郎，通饬所属，杜绝浮收勒折以清其源，裁革陋规以遏其流。倘有不肖州县阳奉阴违，立即参办。或运丁勒索州县，沿途衙门勒索旗丁，一并从严究治，务使官民旗丁均免扰累，以肃漕政。将此各谕令知之。"②

十月二十日，公获赐《御制诗集》后，上《奏为恩赏〈御制诗集〉谢恩事》。③

---

① 《清史稿》卷三百七十四。
② 《清实录》第三三册，第362页。
③ 中国第一历史档案馆藏，档号：04-01-12-0355-036。

十一月十八日，公有《奏为恩赏〈敬胜斋法帖〉等物谢恩事》[1]一折，感谢皇上恩赐《敬胜斋法帖》等物。

十二月初一日，公为十一月新落成的祭祀先人姚延著的姚公祠撰书《重建姚公祠记》。

【按】公《重建姚公祠记》云："时方伯额公亲临（金陵先贤祠）致祭，谓于体终未合，因即相度于其东而营构焉，以道光元年九月经始，至十一月落成。文田既幸先人之赖是以不朽，而诸君子能发潜德之幽光，于世教实不为无助也，谨诠次而为之记，是年十二月朔日，六世孙男撰并书。"[2]

公《邃雅堂集》卷之三另有《金坛十生事略》一文，详述姚延著于顺治十八年（1661）遭仇家袁大受构陷遇害的经过。

十二月二十六日，两江总督孙玉庭向朝廷呈报《奏为密陈江苏学政姚文田安徽学政胡敬江西学政王宗诚各员考语事》[3]，对公在江苏学政任上的工作给予评价。

是年，公自订诗文集《邃雅堂集》十卷，在江阴澄江学使者署刊刻，今中国国家图书馆有藏。[4]

---

① 中国第一历史档案馆藏，档号：04-01-12-0366-050。
② 《邃雅堂集》卷之三。
③ 中国第一历史档案馆藏，档号：04-01-12-0356-022。
④ 参见王增清主编：《湖州文献考索》，社会科学文献出版社2015年版，第344页。

道光二年，壬午，公元 1822 年。六十五岁

四月十四日，公同年、户科掌印给事中蒋云宽病逝于京师。[①]

【按】蒋云宽（1765—1822），初名云官，字台鼎，又字牧叔，号锦桥。湖南永明（今江永县）人。嘉庆四年（1799）进士，选庶吉士，改刑部主事、员外郎，迁山西道监察御史、刑科给事中，擢户科掌印给事中，曾典江西乡试。在任勤政勇为，弹劾不避权贵，有直声。著有《瑞萼堂集》《近游杂缀》及《台垣存稿》等。

五月十四日，公向朝廷上《奏为江苏通省科试全毕情形事》[②]、《奏请画一教官乡试由学政考送事》[③]和《奏为途经通州等地察看麦苗雨水情形事》[④]三折，报告江苏全省科试完成情况，建议教官乡试由学政统一考送，同时报告农情。

【按】《清实录》"道光二年六月"载："丙午（初四日），谕内阁：姚文田奏《教官乡试请仍照例考送》一折，教官愿就本省乡试者，例应与生员一同考送，嗣后无论候补现任，著仍由学政普律考送，以归画一。"[⑤]

---

① 《邃雅堂文集续编》。
② 中国第一历史档案馆藏，档号：04-01-38-0134-018。
③ 中国第一历史档案馆藏，档号：03-3651-056。
④ 中国第一历史档案馆藏，档号：04-01-24-0106-070。
⑤ 《清实录》第三三册，第 650 页。

五月，公因在江苏学政任上"于应考贡生，迟至数年之久，尚未考齐"，受到处罚。

【按】《清实录》"道光二年五月上"载："戊子（十五日），……礼部奏参：江苏学政姚文田，于应考贡生，迟至数年之久，尚未考齐，实属违例迟延。得旨：姚文田著交部议处，所有嘉庆二十四五等年已经考准各贡，著该学政先行造册送部，并将未经考齐各贡，照例办理，毋再迟逾。"①

六月初四日，公有《奏报按试通州沿途雨水苗情事》②，向朝廷报告按试通州和沿途农作物生长情况。

七月初八日，公向朝廷上《奏为子姚晏奉旨内用谢恩事》③，感谢朝廷升用其长子姚晏。

八月十六日，公为治河名臣黎世序的著作《河上易注》作序。④

【按】黎世序（1772—1824），初名承惠，字景和，号湛溪。河南信阳罗山县定远人。嘉庆元年（1796）进士，历任江西星子（今庐山市）、南昌知县和镇江知府、淮海道员、南河总督等职。以治河著称。著有《续行水金鉴》一百五十七卷、《东南河渠提要》一百二十卷、《河上易注》十卷及《湛溪文集》等。

① 《清实录》第三三册，第632页。
② 中国第一历史档案馆藏，档号：03-9822-012。
③ 中国第一历史档案馆藏，档号：04-01-12-0364-002。
④ 《邃雅堂文集续编》。

九月二十六日，公向朝廷上《题为任职届期事》①和《题为察核举报生员优劣事》②，向朝廷述职并报告江苏学子的优劣情况。

九月，严可均选授浙江省严州府建德县教谕，可能得到了公的帮助。③

十月二十三日，公向朝廷上《奏报交印日期事》④，报告卸任江苏学政移交关防事宜。

十二月初二日，朝廷以户部堂官在内廷行走者较多，命公回署办事，不必在南书房行走。⑤

【按】《清实录》"道光二年十二月上"亦载："壬寅（初二日），谕内阁：户部堂官在内廷行走者较多，侍郎姚文田著回署办事，不必在南书房行走。"⑥

是年，公回京时，将年仅十六岁的幼弟加琛带至京城，命其与自己的侄子森培一起学习。此后凡四年，两人学业精进，时艺诗赋端楷，卓然有成。⑦

是年，公应同年、安徽庐凤颖兵备道戴聪之请，为其三年前去世的父亲戴殿江撰《封奉直大夫戴公墓表》。⑧

① 中国第一历史档案馆藏，档号：02-02-016-001111-0016。
② 中国第一历史档案馆藏，档号：02-01-005-023308-0055。
③ 参见李士彪、吴雨晴：《辑佚大家——严可均传》，浙江人民出版社2008年版，第193页。
④ 中国第一历史档案馆藏，档号：03-2530-035。
⑤ 参见《姚氏家乘》卷十五《文僖公传》。
⑥ 《清实录》第三三册，第811页。
⑦ 《姚氏家乘》卷五。
⑧ 《邃雅堂文集续编》。

【按】据该墓表，戴殿江（1735—1819），字禩三，浙江浦江人，藏书五万余卷。著有《履斋文集》十卷、《永思轩文钞》八卷以及《九灵山房集》《水道提纲》等。

道光三年，癸未，公元 1823 年。六十六岁

正月初一，公为王艺斋给谏编订的《重刻己酉同年齿录》作序。①

四月初七日起，公与户部右侍郎穆彰阿一起奉命勘察泰陵龙凤门内三孔桥工程。

【按】《清实录》"道光三年四月"载："丙午……命户部右侍郎穆彰阿、左侍郎姚文田，敬谨勘估泰陵龙凤门内三孔桥工程。"②

七月十四日，严可均作《与姚秋农侍郎书》，表达对公江阴一别四年来的驰溯之情，讲述自己在建德县教谕任上的情况，信中对当年夏天家乡湖州遭遇的大水灾的灾情写得尤为详细："上天降灾，从四月三日雨，至七月不止，我湖州竟为江浙九灾郡之最。大江灌而南，海潮溢而西，郡治以东数百里间，平地水深一二尺、三四尺不等。浩浩滔天，无注泻处。死者已矣，生者巢居。桑无孑遗，田不下种。凶问频仍，熏忧曷极！"③

---

① 《邃雅堂文集续编》。
② 《清实录》第三三册，第 907—908 页。
③ 严可均：《严可均集》，孙宝点校，浙江古籍出版社 2013 年版，第 113 页。

九月初五日，户部致函内务府，公的房租从俸禄中扣除。[1]

九月初七日（壬申），朝廷"以都察院左都御史陆以庄为国史馆副总裁官，户部左侍郎姚文田署吏部右侍郎……"[2]

九月二十三日，公与吏部左侍郎王引之一起到黄新庄行宫觐见道光皇帝，因所乘坐的轿子的轿夫大声喧哗，被处以降三级留任的处罚。

【按】《清实录》"道光三年九月下"载："戊子……又谕：领侍卫内大臣等参奏，本日到黄新庄行宫时，侍郎王引之、姚文田坐轿在豹尾枪后行走，轿夫声甚喧哗，所奏甚是。王引之、姚文田俱著交都察院议处，轿夫等即著交刑部治罪，所有不行拦阻之侍卫富尔逊布、蓝翎侍卫扎克当阿、管声音章京副护军参领尼克通布、委护军参领台善保，均著交部议处。寻议上，得旨，王引之、姚文田俱著加恩改为降三级留任。"[3]

十一月二十八日，公上疏朝廷，反映近年来一些漕船水手肆意妄为、敲诈勒索、破坏漕运的情况，建议朝廷采取措施维护漕运秩序，得到朝廷采纳。

---

① 《为坐扣户部左侍郎姚文田等员房租银两事致内务府等》，中国第一历史档案馆藏，档号：05-13-002-001930-0002。
② 《清实录》第三三册，第1025页。《姚氏家乘》卷五称姚文田是年"春，再充殿试读卷大臣"，误。《清实录》第三三册，第918页"道光三年四月"载："己未……以大学士长龄、吏部尚书卢荫溥、户部尚书黄钺、兵部尚书王宗诚、刑部尚书那清安、兵部右侍郎朱士彦、刑部右侍郎史致俨、内阁学士陈嵩庆，为殿试读卷官。"《姚氏家乘》又称其"充本年朝考复试阅卷大臣"，但笔者在《清实录》中没有查到相关记载。
③ 《清实录》第三三册，第1035—1036页。

【按】《清实录》"道光三年十一月"载："壬辰，谕军机大臣等：魏元煜奏参营员枪毙粮船水手一案，已降旨交孙玉庭提集人证严审，定拟具奏矣。本日据姚文田奏称'近年漕船水手肆恶逞刀，如当趱行之际，遇有民船欲行走者，必须给以使费，名曰买当。至暮夜时，偶然停泊，辄将犁缆划子，拦住道路，竟有将民船人夫捆缚，诬以碰伤大船，逼令出钱赔修始放还者。此次漕标弁兵枪毙江西帮船水手，自由办理未妥，然水手强暴之习，亦不可更令滋长'等语。粮船水手恃众滋事，原属大干例禁，如姚文田所奏，伊前在江苏学政任内，屡见淮徐诸属粮船行走，凌虐民船之案，不一而足，似此浇风实不可长。著魏元煜督饬押运员弁，严加管束，随时稽查，务使该水手等各知畏法，不致藉端滋扰，以肃漕运，将此谕令知之。"①

十二月初二日亥时，公过继给弟加果的二子培赏的长子经炳出生。

【按】姚经炳（1823—1890），榜名觐元，字裕万，号彦侍。娶在城（今属江苏省南京市溧水区）增生、貤赠资政大夫戴鼎元（字梦香。《姚氏家乘》载"湖南巡抚"，当误，因其仅为增生。事迹无考）之女（1824—？）为妻，育有子学莪，女四。长女适丹徒李清豫（字冰臣，刑部候补主事）；次女适双林徐元基（字培之，宛平廪生，两淮候补盐经历）；三

---

① 《清实录》第三三册，第 1080—1081 页。

女字仁和（今属杭州）王庆桢（字稺夑，分部学习郎中），未嫁卒；四女幼殇。归安县监生，中道光癸卯（1843）顺天乡试第一百零八名举人。甲辰（1844）考取景山官学教习，拣选知县，改内阁中书，俸满内用主事，协办侍读本衙门撰文，国史馆、方略馆分校，玉牒馆总校。以军功保升员外郎，赏戴花翎，签分户部行走，加四品衔。复以军功保升郎中，加三品衔，题补户部云南司郎中。截取记名，以繁缺知府用。考选御史第三名，引见记名，以御史用。同治庚午（1870）京察一等，记名专以道员用，授四川分巡川东兵备道，加布政使衔，二品顶戴，升湖北按察使署湖北布政使，升广东布政使。叠遇覃恩，诰授资政大夫，配封夫人，合葬于康山骆驼湾。

另据《湖州名人志》介绍：觐元好金石，工小篆、古文辞，旁及篆刻、绘画。其藏书楼咫进斋藏书数万卷，多宋元刊本和名人精校本。晚年居苏州，以校刻书籍，钩摹金石自娱。刻书逾千卷，均古本中未见之书。著有《说文校疑》、《集韵校正会编》四卷、《涪州石鱼文字所见录》、《三十五举校勘记》、《山斋杂志》、《急就篇校勘记》、《金石苑目》、《汉印偶存》、《弓斋日记》、《灯窗拾慧》、《大叠山房文存》二卷《补遗》一卷、《咫进斋诗文稿》一卷、《九曜石刻录》一卷、《挪君事迹考》二卷、《咫尺斋善本书目》四卷等。编撰《清代禁毁书目》及《补遗》，著录二千六百多种。

拙著《湖州名人志》第338页有词条"姚觐元"，但介绍有遗漏和错误之处，待再版时补充、修订和完善。

十二月十四日，公到乾清宫奏事完毕后回到家里，听说同乡好友、礼部右侍郎王以衔病逝于任，立即赶到王家哭悼，后应王以衔之子王景瀛之请，撰《光禄大夫礼部右侍郎王公墓志铭》。该墓志铭不仅记载了王以衔的生平家世，还表达了公与王以衔的兄弟情谊，并对王以衔的人品给予了好评，云："道光三年十二月戊申，礼部右侍郎勿庵王公卒于位。文田方奏事乾清宫，归闻之，往哭于其邸第。盖文田与公生同里，举同岁，又同官于朝者几三十年，气谊之亲逾于兄弟，不自禁涕泪之横堕也。公为人浑厚和易，与人处，终日无戏言。平生口不言人过，亦未尝臧否人物。其视天下人无一非君子，故自达官贵人，下至内侍官役，无一人不称为长者，其胸次洞然，未尝有丝毫蒂芥城府，盖天性然也。"①

是年，公充经筵讲官。②

【按】笔者在《清实录》中没有找到相关记载，但姑且存之。另，笔者在"道光三年十一月下"查到这样一则记载："以都察院左都御史陆以庄充经筵讲官。"③

是年，公长孙女阿宜因患烂喉痧，不治病亡，年仅十一岁。三年之内，公连丧两聪明伶俐之孙女，悲痛不已，撰《两女孙哀辞》，表达深切哀悼。

【按】公《两女孙哀辞》云："（阿良夭折后）间岁，阿宜亦病，病名烂喉痧，医不能辨。予时校士海陵（今泰州），

---

① 《邃雅堂文集续编》。
② 《姚氏家乘》卷十五《文僖公传》。
③ 《清实录》第三三册，第1102页。

挈赏以行宣，先诣京师，家人仓卒无主持者，阿宜未数日遂殇。"文章也描写了两个小孙女的孝行和聪明伶俐："（恽氏丧时）哭奠拜跪，哀痛如成人，予见之惨然以悲。迫闻其诵《木兰》《焦仲卿诗》，及白太傅《琵琶行》、《长恨歌》、新乐府诸作，两人争背诵，如瓶之泻水，不伪一字……两女孙性皆聪慧，阿宜尤和顺，母病时，终夜守侍。自稍解事，未尝与人有违。"①

约是年，公应武进赵味辛前辈之请，撰《跋赵味辛前辈所藏翁覃溪先生书札卷后》。②

【按】此跋有云："先生没后数年，武进赵味辛前辈取先生手札六十五纸付装成卷，属文田为跋后。"翁覃溪即翁方纲（1733—1818），卒于嘉庆二十三年，公作此跋于"后数年"，故暂系于此。

道光四年，甲申，公元 1824 年。六十七岁

正月十一日，公交往二十余年的前两淮都转盐运使廖寅病逝于四川，公应其孙廖均走书相求，为撰《中议大夫两淮都转盐运使廖公墓志铭》。③

---

① 《邃雅堂集》卷之三。
② 《邃雅堂文集续编》。
③ 《邃雅堂文集续编》。

【按】据该墓志铭，廖寅（1751—1824），字亮工，号复堂。四川邻水县人。乾隆四十四年（1779）举人。乾隆六十年（1795）以大挑一等分发河南使用，知叶县。以军功授江南镇江知府，摄常镇通兵备道、江西吉南赣兵备道、江西布政使。嘉庆十六年（1811）升任两淮都转盐运使。晚年在家乡设义庄，创义学、书院、育婴堂，热心公益。

二月初五日，公与直讲官那清安进讲《书经》"慎乃俭德，惟怀永图"。讲毕，道光皇帝赐茶于文渊阁，赐宴于本仁殿。

【按】《清实录》"道光四年二月"载："己亥，以举行仲春经筵，遣官告祭奉先殿、传心殿。上御文华殿经筵。直讲官长龄、卢荫溥，进请《孟子》'欲为君尽君道，欲为臣尽臣道'……直讲官那清安、姚文田进讲《书经》'慎乃俭德，惟怀永图'。讲毕，上宣御论曰：千古帝王，所以肇造开基，奄有四海者，未闻以奢侈示天下，盖奢侈必由于纵欲，欲既纵，收之实难，而万姓无由化导，且易开趋慕之风，久则难于图治。旨哉伊尹之言，诚百世为君之明训也。夫兴工作，尚靡丽，不足以与言俭，固已。即好大喜功者，徒极一时之盛，而流弊隐寓于无穷，亦何可与言俭哉。所谓俭者，宫室必期其卑也，饮食必期其菲也，不欲以一己之奉累天下，以天下之利还之天下。凡夫粟米力役之征，不能不用民力，而用之必以道，必以时，正所以为之计长久也。计长久，斯深宫之旰食宵衣，兢兢业业，只以克俭为心，乌敢自以为德，用保我丕基于无穷，可不慎乎。礼成，上幸文渊阁，赐讲官及听讲诸臣茶，复赐宴于本仁殿。"①

五月十日，公为张掖知县胡秉虔编的《甘州成仁录》作序。②

五月十六日，公应请为表弟严二如的文集撰《严二如时文序》。③

【按】严二如即严昌钰（1756—?），字铭蓝，号二如。
籍贯归安县。嘉庆六年（1801）登第，三甲第六十五名。著
有《浣花居诗抄》十卷、《浣花居文抄》。④据该序文，严昌
钰进士及第后曾宰黔中。

六月初一日，公应同乡、户部福建司郎中、军机处行走赵光禄之
请，为其父赵璜撰《封中宪大夫户部福建司郎中赵君墓表》。⑤

【按】赵光禄（?—?），字星藜，号雨楼。籍贯归安县。
嘉庆十二年（1807）中举。嘉庆十三年（1808）登第，二甲
第十名。选庶吉士，迁户部主事。官至江苏镇江知府。⑥据该
墓表，赵光禄曾任户部福建司郎中、军机处行走。

据该墓表，赵璜（1756—1822），字吕珍，晚号尚溪。浙
江归安（今属湖州）人。赵连弟，赵光禄父，其妻弟徐玉章
为姚文田妹婿。以子贵，封中宪大夫、户部福建司郎中。

① 《清实录》第三四册，第19—20页。
② 《邃雅堂文集续编》。
③ 《邃雅堂文集续编》。
④ 沈文泉编著：《湖州进士名录》，浙江古籍出版社2016年版，第229页。
⑤ 《邃雅堂文集续编》。
⑥ 沈文泉编著：《湖州进士名录》，浙江古籍出版社2016年版，第231页。

七月十六日，擢都察院左都御史。

【按】《清实录》"道光四年七月"载："丁丑……以户部左侍郎姚文田为都察院左都御史……"①

十一月二十二日，公被授予在紫禁城内骑马的特权。

【按】《清实录》"道光四年十一月"载："庚戌……命兵部尚书玉麟，刑部尚书陈若霖，都察院左都御史松筠、姚文田，正红旗汉军都统载铨，户部左侍郎明志，在紫禁城内骑马。"②

十二月十六日，公为儿时恩师、南昌彭文勤之遗集撰《细万斋诗集序》。③同日，同门张士元卒，公为撰《张鲈江墓志铭》。④

【按】据《张鲈江墓志铭》，张士元（1755—1824），字翰宣，号鲈江。江苏震泽人。乾隆五十三年（1788）举人。后与公同入董诰门下。七应礼部试不售，穷困终了。著有《嘉树山房集》二十二卷。

是年，公为江西瑞金知县恽子居撰《祭恽子居文》⑤，深情缅怀当

---

① 《清实录》第三四册，第115页。
② 《清实录》第三四册，第219页。
③ 《邃雅堂文集续编》。
④ 《邃雅堂文集续编》。
⑤ 《邃雅堂集》卷之四。

年道经瑞金时这位热情招待过自己，并在当地有惠政的地方官。

道光五年，乙酉，公元 1825 年。六十八岁

三月十二日戌时，公过继给弟加果的二子培赏再生一子经甸。

【按】姚经甸（1825—1896），官名凯元，字禹畯，号子湘。娶阳湖荫生、道光庚子（1840）举人、安徽凤阳府同知左昂（字巢生）之女（1828—1895）为妻，无所出。另有侧室芜湖吴氏（1845—1866），育子学车；清苑崔氏（生卒年不详），育子学□。另有二女，长适新阳李传衍（字叔用，壬午科考取誉录）；次适不详。归安县监生，光禄寺署正，加五品，升衔襄办大婚，礼成，赏三品衔，诰授中议大夫，配封淑人。①

拙著《湖州名人志》第 286 页有词条"姚凯元"，称其"初习儒，晚年病偏废，始读医书。著有《黄帝内经素问校议》11 卷、《园东草堂札记》10 卷、《难经校议》1 卷、《退省斋说医私识》4 卷、《论语校议》1 卷、《孟子校异》4 卷、《说文问疏证》1 卷、《读说文序表记》1 卷、《皇朝赐号考》12 卷"。但此词条介绍有遗漏和错误之处，待再版时补充、修订和完善。

夏，公委托南下的张竹坪带信和新著《邃雅堂学古录》给在建德

---

① 《姚氏家乘》卷五。

县教谕任上的严可均。①

【按】张竹坪无考。

八月初五日，朝廷举行仲秋经筵，公与玉麟进讲《书经》"任官惟贤才，左右惟其人"。

【按】《清实录》"道光五年八月"载："己未，以举行仲秋经筵，遣官告祭奉先殿、传心殿。上御文华殿经筵，直讲官英和、黄钺进讲《孟子》'谨庠序之教，申之以孝悌之义'……直讲官玉麟、姚文田进讲《书经》'任官惟贤才，左右惟其人'。讲毕，上宣御论曰：且天下不可以一人理也，于是乎设官分职，以共治天下之事。自左辅右弼，前疑后丞，以及大夫师长，庶事百司，莫不效一人臂指之用，即莫不系一人敬慎之心，以与为简畁而已矣。唐虞之世，工虞水火，九官十二牧，各司其职，而二十有二人。时亮天工，每以无旷庶官为兢兢，尤于百揆之宅，先致意焉。此明良喜起之所由盛，而伊尹之言任官择人者，胥是道也。盖官者，行君之令，而致之天下者也，非贤而有德，则无以励廉隅而布恺悌，而有守者无以兴；非才而有能，则无以胜艰巨而理烦剧，而有为者无由著。而左右者，则又当有猷有为有守，为庶官表率也。一君子进，而众君子毕升；一小人进，而众小人咸集。

---

① 严可均写于道光丙戌年（1826）二月十七日的《答姚秋农总宪书论夏殷历》有云："去夏张竹坪观察南来，惠寄手书……并赐《邃雅堂学古录》。"参见严可均：《严可均集》，孙宝点校，浙江古籍出版社2013年版，第114页。

其利害所关乎国家者綦重。故官不必备，惟其人也。人主诚宜居敬穷理，以裕知人之明，激浊扬清，以操用人之柄，不以微细忽庶司，不以姑息容大吏，庶黜陟明而劝惩当。有过者各思愧奋，咸荡秽而涤瑕；职称职者益励忠贞，更谟明而弼直。大臣法小臣廉，济济师师，上下交泰，于以见王道蒸然日上，远追唐虞三代之郅治，我君臣其共勉之。礼成，上幸文渊阁，赐讲官及听讲诸臣茶，复赐宴于本仁殿。"①

八月初六日，公充顺天乡试副考官，撰有《乙酉科顺天乡试后序》。②

【按】《清实录》"道光五年八月"载："庚申……以兵部尚书玉麟为顺天乡试正考官，都察院左都御史姚文田、户部右侍郎顾皋为副考官。"③

公序文中有云："臣文田学殖谫陋，荷两朝恩遇，叠畀文衡，尝校艺邹鲁之邦，北过河洛，南浮江淮，逾岭峤，入闽越，凡轺车所至，虽深山邃谷，以至云涛烟浪之区，靡不有瑰才杰士出乎其间。"道出了公在广东、山东、福建、江苏、河南等省督学的艰难和恪尽职守。而其"仰惟国家取士之意，固将储其材以待用也。故先之以四子之书，以观其明理与否；次之以声律，以观其性情之正；又次之以五经，以观其学术之通；终之以五策，以观其才识之裕。夫必兼是数者，

① 《清实录》第三四册，第388—389页。
② 《邃雅堂文集续编》。
③ 《清实录》第三四册，第390页。

清状元姚文田年谱

而后处可以为良士，出可以为良臣"之论，则道出了取士的标准。

九月廿八日辰时，公过继给弟加果的二子培赏生第三子经第。

【按】姚经第（1825—1853），更名阳元，字舒堂，号子谅。娶石门人、两淮候补盐知事胡光第（字小园）之女（1825—1853）为妻。归安县监生，博学能文，著有《籽皋文钞》四卷、《谢皋羽年谱考证》二卷补遗一卷、《春草堂遗稿》一卷，刊入《咫进斋丛书》。另有未完稿《刚日柔日读书记》。夫妇合葬于湖州西门外太史山。①

姚经第还有一弟，名经传，因出生时公已逝世，故附于此。姚经传（1830—1875），更名允元，字得心，号知硕。娶仁和（今属杭州）人、江西抚州府知府曹燮坤之女（1829—?）为妻，育有二子二女：长子学善；次子学骥；长女适湖州赵滨彦（1856—1915，字惠卿，世袭骑都尉、户部主事、湖北候补道）；次女出继经甸。归安县监生，直隶盐山县、旧县巡检候补主簿，加六品衔。葬康山骆驼湾。②

十月初六日，凤阳府学教授倪模病逝，后公应其子人在之请，为撰《凤阳府学教授倪君墓志铭》。③

① 《姚氏家乘》卷五。
② 《姚氏家乘》卷五。
③ 《邃雅堂文集续编》。

【按】据该墓志铭，倪模（1750—1825），字预抡，自号迂存。世居大雷岸（今安徽望江县雷池）。乾隆四十四年（1779）举人。乾隆五十二年（1787）考充景山官学教习，任满，以知县用。嘉庆四年（1799）进士，按例授县令，不满，悠而归，筑二水山房，日以训课子弟。后从房师、通政使司参议汪镛（1729—1804）之劝，出为凤阳府教授。藏书七万卷。著有《雷港源流考》《雷港琐记》《泉谱》等。

十月十六日丑时，公三子培勤出生。

【按】姚培勤（1825—1878），官名梦薇，字紫卿，号味青。娶海盐人、嘉庆辛未（1811）进士、内阁学士朱方增（字虹舫）之女（1827—1862）为妻，育有一子一女：子赞夫；女适吴县蒋宝澂（字迪甫，户部候补郎中）。后继娶大兴萧氏。归安县监生，户部候补主事加员外郎衔、山西司行走，同治壬戌（1862）、光绪乙亥（1875）叠遇覃恩，加三级，诰授中宪大夫，又以胞侄觐元任湖北按察使，加二级，光绪年间貤赠资政大夫。原配夫人朱氏封安人，赠恭人；继室封恭人。配、继后又俱赠夫人。三人合葬于湖州南门外下庚村。①

姚赞夫（1862—?），原名经□，字调士，号思臣，为公最幼孙子，因出生时公已作古多年，故附于此。赞夫娶妻骆氏（1859—?），系归安县监生，直隶候补县丞。②

---

① 《姚氏家乘》卷五。
② 《姚氏家乘》卷五。

十二月十六日，公撰《瓣香图书后》，盛赞湖州贤守李堂（1723—1795）云："在郡时，葺黉舍，修志乘，疏潆港，诸废具举，尤勤于造士。"①

道光六年，丙戌，公元 1826 年。六十九岁

二月十七日，严可均作《答姚秋农总宪书论夏殷历》，请严州府学新选教授吴沛霖入都时捎给公。信中对公去年夏寄赠《邃雅堂学古录》表示感谢，高度评价这部学术著作，并实事求是地指出了公在书中推算夏商两代年数错误等问题。②

【按】严可均在信中指出："复有奉商者，《史记年表》起共和，而夏殷周初为疑年。今可略考者，《左氏·宣三年传》：'桀有昏德，鼎迁于商，载祀六百。商纣暴虐，鼎迁于周。'左氏去商未远，而举成数，或当不误。《汉·律历志》：夏四百三十二岁，殷六百二十九岁。《史记·殷本纪》集解引谯周曰：殷六百余年，皆与《左传》相等。而大箸《夏殷历章蔀合表》据《竹书纪年》为本，参考《史记》，颇增减之，断定夏四百三十年，殷五百八年，窃所未安。《纪年》为后人删改，非汲冢之旧。《晋书·束皙传》引夏年多殷，今本乃殷年多夏，云夏用岁四百七十一年，殷用岁四百九十六年。《夏本纪》集解、《殷本纪》集解引与今本同，是裴骃所据已非

---

① 《邃雅堂文集续编》。
② 参见李士彪、吴雨晴：《辑佚大家——严可均传》，浙江人民出版社 2008 年版，第 196—198 页。

束皙所见之本。至《真诰》十五引启三十九年，今本启十六年，夏年似曾减短。《殷本纪》正义引自盘庚徙殷至纣之灭七百七十三年，今本无此，又恐殷年太多。要而言之，《纪年》难信，夏年难定，殷年略见《左传》，不容违异。大箸夏殷历只宜总揭大纲，不宜画方布格，断定夏殷某某帝王之即位在某蔀、某章、某年。而大箸乃断定武王即天子岁在乙亥，上推汤元年在丁未，禹元年在丁酉。禹无论已，殷于《左传》短百许年，纵使丁未果确，安知非百二十年前之丁未？加百二十年于五百八年，仅短《汉志》一年，与《左传》尚无违异。然且牵一发而全身皆动，蔀、章、年皆迁改，又难加殷某某王年数以实之，而况丁未仅凭算法推得，非经传古说，并非《竹书》。无征不信，即阁下亦未必自信。

"《左传》云：见可而进，知难而退。孔子云：吾犹及史之阙文。冒陈愚管，知所乐从。倘撤去此卷，酌存精要，则《春秋经传闰朔表》与《颛顼历术》两相比附，圣经月日，了如指掌，岂不快哉！其当刊改者，卷五上'杜氏作《长历》，自谓用《乾象》并古今十历'。按，'乾象'当为'乾度'。咸宁中，李修、夏显造《乾度历》，见杜氏《长历》。夏显亦作卜显，见《晋·律历志》。《乾象历》乃汉延熹中刘洪造，见《续汉志》注补引袁山松书，孙吴用之，在《长历》所用古今十历中。其余误字俟覆勘。"①

① 严可均：《严可均集》，孙宝点校，浙江古籍出版社 2013 年版，第 114—115 页。

三月初六（丁亥）日，朝廷"以都察院左都御史姚文田署工部尚书"。①

【按】《姚氏家乘》卷十五《文僖公传》称公道光五年六月署工部尚书，误。

春，蒋云宽之子蒋启锷进京赶考，求墓志铭于公，公遂为撰《户科掌印给事中蒋君墓志铭》。②

四月，公门人、中书舍人刘次白即将离京，就任江苏太湖同知，行前以文论集向公索序，公即为之撰《刘次白文集序》，对这位门人的文论给予了很高的评价："其用力也勤，其持论也当，其文简劲峭直，大约于苏明允、王半山二家为近。"同时，公又撰《送刘次白之官太湖厅同知序》为他送行，并对他到太湖厅后的工作和生活给予指导："一旦适兹土，见其父老则咨之以疾苦，见其子弟则儆之以奢淫，其秀异者则教之以诗书，其朴愿者则导之以礼让，数年之中可以政通而人和。暇则遍览芙蓉诸峰林谷烟云之变态，或放舟乎水涯，与渔童钓叟歌吟而往还，悦鱼鸟之相亲，观波涛之震骇，而一举而归之于文，盖乐莫乐于此矣。"③

端午节前夕，公绘山水人物画一幅。

【按】江西省铜鼓县于20世纪80年代末收集到一幅款署"道光六年端阳前夕写于京都官舍。秋农姚文田"的山水人

---

① 《清实录》第三四册，第555页。
② 《邃雅堂文集续编》。
③ 《邃雅堂文集续编》。

物画，画幅为 130 厘米×30 厘米，收藏于铜鼓县秋收起义纪念馆。①

六月十七（丁卯）日，朝廷"考试己酉科拔贡，以都察院左都御史姚文田、吏部左侍郎王引之、兵部右侍郎武忠额、内阁学士朱方增、大理寺卿杨怿曾为阅卷官"。②

十一月十三日子时，公四弟加琛亡故，年仅二十岁，附葬塔甸圩生母张氏墓内。③

冬，公好友姚镜塘病逝于任。公在《职方姚君传》中云："……是年镜塘甫十五龄，即游于庠。后八年，大兴朱文正公视学两浙，见其文甚激赏，遂与余偕充己酉拔贡生，寻又同举于乡，其后同官京师者几三十年，盖交契之深未有如我两人者也。"④

【按】姚镜塘即姚学塽（1766—1826），字晋堂、镜堂，学者称"镜堂先生"。归安县双林（今属湖州南浔区）人。书法家。林则徐、魏源师。幼时父即延名师教授，学业日进。乾隆四十四年（1779）秀才。十年后中举，遇父丧，在家守制。嘉庆元年（1796）登三甲第二十八名进士，官内阁中书。性耿直清廉，不附权贵，与龚自珍、姚文田等友善，因耻于以和珅为师，弃职归家，和珅败后始入京供职。嘉庆十三年（1808）任贵州乡试副考官，归道闻母讣，痛不得躬养侍疾，

① 王现国：《江西铜鼓县发现清姚文田真书画迹》，《南方文物》1989 年第 1 期，第 122 页。
② 《清实录》第三四册，第 617 页。
③ 《姚氏家乘》卷五。
④ 《邃雅堂文集续编》。

清状元姚文田年谱

185

遂终身不许妻相随，独居僧寺破庙，故无子嗣。为官清介廉洁，拒受一切馈赠。嘉庆十九年（1814）任会试同考官，称得人。道光六年（1826）任兵部郎中。时西陲准格尔事起，军务繁忙，积劳成疾，卒于官。入祀乡贤祠。著有《姚兵部诗文集》和《竹素斋遗稿》十卷。其故居在双林姚家弄。①

道光七年，丁亥，公元 1827 年。七十岁

春，内务府从公的俸银中扣除了春夏两季房租。②

五月十日，公应胡岩（公与汤谦山的门人）之请，撰《汤谦山遗文序》。③

六月二十九日，"癸卯，协办大学士、礼部尚书汪廷珍因病赏假，以都察院左都御史姚文田署礼部尚书"④。

七月十三（丙辰）日，朝廷"实授姚文田礼部尚书，以户部左侍郎汤金钊为都察院左都御史"⑤。其时，礼部的满族尚书是松筠。⑥

是年，公撰有《祭张南崧文》。⑦

【按】此文没有撰写时间，因张南崧卒于是年，故系于此。

---

① 沈文泉编著：《湖州名人志》，杭州出版社 2009 年版，第 300 页。
② 《为都察院左都御史姚文田等应领道光七年春夏二季恩正俸银内坐扣房租银两一案抄单事致内务府等》，道光七年二月十九日（1827 年 3 月 16 日），中国第一历史档案馆藏，档号：05-13-002-001936-0025。
③ 《邃雅堂文集续编》。
④ 《清实录》第三四册，第 1025 页。
⑤ 《清实录》第三四册，第 1037 页。
⑥ 《清实录》第三四册，第 1044 页。
⑦ 《邃雅堂文集续编》。

张南崧即张鹏展（1760—1827），字从中，号惺斋，又号南崧。广西上林人。乾隆五十四年（1789）进士，选翰林院庶吉士散馆，授检讨，历官福建道监察御史、工科给事中、奉天府丞兼学政、太常寺少卿、太仆寺少卿、光禄寺卿、太常寺卿、山东学政、通政使司通政使等，政声颇盛。乾隆五十七年（1792）、嘉庆十五年（1810）典试云南、山东，又曾任桂林秀峰书院、宾阳书院、汇溪书院山长。隐退后，自筑平山草堂，著书讲学。著有《谷诒堂全集》《读鉴绎义》《宾州志》《离骚经注》等。

十月十一日亥时，公卒于京师寓所，享年七十岁，谥号"文僖"，谕祭葬。

【按】清刘鸿翔《礼部尚书姚文僖公墓志铭》云："道光七年十一月十一日酉时[①]，诰授光禄大夫秋农姚公卒于京寓，距生于乾隆二十三年七月二十六日寅时，寿享七十岁。遗折入，天子震悼，谕内阁：'礼部尚书姚文田，嘉庆间由修撰济阶卿班，入直南书房，晋阶卿贰。朕御极后，擢任左都御史，本年复授礼部尚书。久直内廷，历司部务，清勤谨慎，克尽职守，方期益资委任，乃遘疾，数日即尔奄逝，闻之殊堪轸惜。著照尚书例赐恤，任内所有处分悉予开复，应得恤典，该部察例具奏，钦此。'越五日，礼部请谥，奉旨予谥。二十七日，内阁上谥，勤学好问，曰'文'，恭慎无过，曰

---

① 与《姚氏家乘》卷五记载有别。

'僖'，赐谥'文僖'，谕祭葬。"①

《清实录》"道光七年十月上"载："丙戌（十四日）……予故礼部尚书姚文田祭葬如例，谥'文僖'。"②

十月十四日，道光帝亲下谕旨。

【按】谕旨云："礼部尚书姚文田，前于嘉庆年间由修撰洊陟卿班，入直南书房，晋阶卿贰。朕御极后，擢任左都御史，本年复授礼部尚书。久直内廷，历司部务，清勤敬慎，恪尽职守。方期益资委任，乃遘疾，数日即尔奄逝，闻之殊堪轸惜。著照尚书例赐恤，任内所有处分悉予开复，应得恤典，该部察例具奏。钦此。"③

十一月二十一日，道光帝遣工部左侍郎署礼部右侍郎韩鼎晋祭公。

【按】《姚氏家乘》载："维，道光七年十一月壬寅朔月有二十一日壬戌，皇帝遣工部左侍郎署礼部右侍郎韩鼎晋致祭于原任礼部尚书姚文田之灵，曰：朕惟秩宗职重彤廷，资稽古之才。耆宿望崇丹绛，贲肴终之典溯。荩忱之匪懈，清慎堪嘉。嗟遗疏之，遽闻哀荣。宜备苾芬，式荐轸惜良殷。尔原任礼部尚书姚文田，殖学渊醇，持躬法谨。津门献赋，初联凤沼之班；枢禁簪毫，继入螭坳之选。逮策名乎上第，

---

① 缪荃孙：《续碑传集》卷八，江楚编译书局清宣统二年（1910）刻本。
② 《清实录》第三四册，第1127—1128页。
③ 《姚氏家乘》卷十一。

东观翔登，更供职于内廷，西清趋直。关山粤峤，搜材罗磊落之贤；泰岱嵩高，持节播公明之誉。爰晋司成而专席，旋迁端尹之华阶。掌诰藏坦，培英芸馆。试襄三事，猷为克协于中枢；递佐五官，扬历几周乎右秩。朕敕几熙绩奖善酬，俾敦讲于经筵。屡程文平学府，擢冠岛台之才，许乘紫禁之骢，兼摄考工，均能敬事。鉴寅清之素凛，典礼新除。惊辰告之犹聆，抱疴候笃。聿咨仪部，载考彝章。综懿行以易名，设初筵而锡奠。于戏！朝请仅违乎三日，竟虚听履之声；纶言丕焕乎十行，弥忆垂绅之度。灵其不昧，尚克歆承。"[1]

是年，公《邃雅堂学古录》七卷刊印。今中国国家图书馆、南京图书馆和上海图书馆等有藏。

【按】《邃雅堂学古录》共七卷，前六卷分别为：卷之一《学易讨原》、卷之二《颛顼历术》、卷之三《夏殷历章蔀合表》、卷之四《周初年月日岁星考》、卷之五《春秋经传闰朔表》、卷之六《汉初年月日表》，卷之七为所辑《四书琐语》。除卷之一有比较明确的著述时间外，其他均无著述时间，故集中介绍于此。

道光八年，戊子，公元1828年。逝世后次年

春，公灵柩归里，葬于湖州城南之罗田圩（今属南浔区菱湖镇杨

---

① 《姚氏家乘》。

港村），与妻周氏合葬。

【按】《邃雅堂集》卷之四中有一篇为亡妻周氏撰写的圹志铭，内中记载："兹卜吉于郡城南之芦田圩，将营葬，复举其未备者以为圹志。"刘鸿翱《礼部尚书姚文僖公墓志铭》云："八年春，公子晏等扶公枢归里，卜于某月某日葬公于芦泉圩。"《姚氏家乘》卷七也有"公享年七十，夫人享年六十三，合葬南门外芦泉圩"的记载。各种地方志也有此类记载，《同治湖州府志》卷二十四载："礼部尚书谥文僖姚文田墓在城南罗田圩，道光七年赠祭葬。"《光绪乌程县志》卷六载："左都御史姚文田墓在城南罗田圩，道光七年赠祭葬。"李宗莲《金盖山志》卷二亦载："礼部尚书谥文僖姚文田墓在城南罗田圩。"芦田圩、芦泉圩、罗田圩在方言中发言接近，三者实为一地。

附录一：姚文田传

姚文田，字秋农，浙江归安人。乾隆五十九年，高宗幸天津，召试第一，授内阁中书，充军机章京。嘉庆四年一甲一名进士，授修撰。迭典广东、福建乡试，督广东、河南学政，累迁祭酒。

十八年，入直南书房。会因林清之变，下诏求言，文田疏陈，略谓："尧、舜、三代之治，不越教养两端：为民正趋向之路，知有长上，自不干左道之诛；为民广衣食之源，各保身家，自不致有为恶之意。近日南方患赋重，北方患徭多，民困官贫，急宜省事。久督抚任期，则州县供亿少，宽州县例议，则人才保全多。"次年复上疏，言："上之于下，不患其不畏，而患其不爱。汉文吏治蒸蒸，不至于奸，爱故也。秦颛法律，衡石程书，一夫夜呼，乱者四起，畏故也。自数年来，开上控之端，刁民得逞其奸；大吏畏其京控，遇案亲提，讦诉不过一人，牵涉常至数十，农商废业，中道奔波，受胥吏折辱，甚至瘐死道毙。国家慎刑之意，亦曰有冤抑耳。从前马谭氏一案，至今未有正凶，无辜致毙者累累。是一冤未雪，而含冤者且数十人。承审官刑挞横加，以期得实，其中冤抑，正复不少。欲召天和，其可得乎？顷者林清构逆，搜捕四出，至今未已。小人意图见长，不能无殃及无辜，奉旨严禁，仰见皇上如天之仁。臣以为事愈多则扰愈众，莠民易逞机谋，良善惟增苦累。应令大小官吏，可结速结，无多株引，庶上下相爱，暴乱不作矣。至所谓养民之政，不外于农桑本务。大江以南，地不如中原之广，每岁漕储正供，为京畿所仰给者，无他，人力尽也。兖州以北，古称沃衍，河南一省，皆殷、周畿内；燕、赵之间，亦夙称富国。今则地成旷土，人尽惰民，安得不穷困而为盗贼？岁一歉收，先请缓征，稍甚则加蠲贷，又其甚则截漕发粟以赈之，所以耗国帑者何可算也。运河屡淤，东南漕未可恃，设有意外，何以处此？臣见历来保荐州县，必首列劝课农桑，其实尽属虚谈，从无过问。大吏奏报粮价，有市价至四五千钱，仅报二两内外，其于收成，又虚加分数，相习成风。但使董劝有方，行之一方而收利，自然争起相效，田野皆辟，水旱有资，岂必尽资官帑，善政乃行哉？民之犯刑，由于不率教，其不率教，由于衣食缺乏而廉耻不兴。其次第如此，故养民为首务也。"奏入，仁宗嘉纳之，特诏饬各省以劝课农桑为亟，速清讼狱，严惩诬枉。

二十年，擢兵部侍郎，历户部、礼部。二十二年，典会试。二十四年，督江苏学政。道光元年，江、浙督抚孙玉庭等议禁漕务浮收，明定八折，实许其加二。文田疏陈积弊曰："乾隆三十年以前，并无所谓浮收。厥后生齿日繁，物价踊贵，官民交困，然犹止就斛面浮取而已。未几而有折扣之举，始每石不过折耗数升，继乃至五折、六折不等。小民终岁勤动，事畜不赡，势必与官抗。官即从而制之，所举以为民罪者三：曰抗粮，曰包完，曰搀交丑米。民间零星小户、贫苦之家，拖欠势所必有。若家有数十百亩之产，竟置官赋于不问，实事所绝无。今之所谓抗粮者，如业户应完若干石，多赍一二成以备折收，书吏等先以淋尖、踢脚、洒散多方糜耗，是已不敷；再以折扣计算，如准作七折，便须再加三四成，业户必至争执。间有原米运回，州县即指为抗欠，此其由也。包完者，寡弱之户，转交有力者代为输纳。然官吏果甚公正，何庸托人？可不烦言而自破。民间运米进仓，男妇老幼进城守待，阴雨湿露，犹百计保护，恐米色变伤。谓其特以丑米掯交，殆非人情。惟年岁不齐，米色不能画一，亦间有之。然官吏非执此三者，不能相制，生监暂革，齐民拘禁，俟其补交，然后请释。不知此皆良民，非莠民也。此小民不能上达之实情也。然州县亦有不能不尔者，自开仓讫兑运，修整仓廒芦席、竹木、绳索、油烛百需，幕丁胥役修饭工食，加以运丁需索津贴滋甚，至其平日廉俸公项不能敷用。无论大小公事，一到即须出钱料理。即如办一徒罪之犯，自初详至结案，约须百数十金。案愈巨则费愈多。递解人犯，运送粮鞘，事事皆需费用。若不取之于民，谨厚者奉身而退，贪婪者非向词讼生发不可，吏治更不可问。彼思他弊获咎愈重，不若浮收为上下咸知，故甘受民怨而不惜。其藉以自肥者固多，而迫于不获已者盖亦不少。言事者动称'不肖州县'，州县亦人耳，何至一行作吏，便行同苟贱？此又州县不能上达之实情也。州县受掊克之名，而运丁阴受其益，然亦有不能不然者。昔时运道深通，运丁或藉来往携货售卖以赡用；后因黄河屡经倒灌，运道受害，虑其船重难行，严禁多带货物。又从前回空带盐，不甚搜查；近因盐商力绌，未免算及琐屑，而各丁出息遂尽。加以运道日浅，反多添夫拨浅之费。此费不出之州县，更无所出。此又运丁不能上达之实情也。数年前因津贴日增，于是定例只准给三百两。运丁实不济用，则重船不能开，州县必获咎戾，不免私自增给，是所谓三百两者虚名耳。顷又以浮收过甚，严禁收漕不得过八折。州县入不敷出，则强者不敢与较，弱者仍肆胘削，是所谓八折者亦虚名耳。然民间执词抗官，官必设法钳制，而事端因以滋生，皆出于民心之不服。若将此不靖之民尽法惩处，则既困浮收，复陷法网，民心恐愈不平。若一味姑容隐忍，则小民开犯上之风，将致不必收漕，而亦目无官长。其于纪纲法度，所关实为匪细。"疏入，下部议。时在廷诸臣多以为言，文田持议切中时弊，最得其平。诏禁浮收，裁革运丁陋规，八折之议遂寝。

四年，擢左都御史。七年，迁礼部尚书。寻卒，依尚书例赐恤，谥文僖。

文田持己方严，数督学政，革除陋例，斥伪体，拔真才，典试号得士。论学尊宋儒，所著书则宗汉学。博综群籍，兼谙天文占验。林清之变未起，彗入紫微垣。道光初，彗见南斗下，主外夷兵事。文田皆先事言之。

（《清史稿》卷三百七十四，列传一百六十一）

附录二：文僖公传

姚文田，浙江归安人。乾隆五十九年，上幸淀津，文田由举人召试一等一名，授内阁中书，寻充军机章京。

嘉庆四年一甲一名进士，授翰林院修撰。五年充广东乡试正考官。六年六月充福建乡试正考官，八月提督广东学政。九年任满回京。十一年充日讲起居注官。十二年七月充山东乡试正考官。十月丁父忧。十五年正月服阙，五月迁右春坊右中允，复充日讲起居注官，八月提督河南学政。十六年五月迁翰林院侍讲，九月转侍读。十二月，以豫省生员有诡充领催甲长者，藉以交通官吏欺压里闾，奏请敕下抚臣，通饬所属严行禁止，上如所请行。十七年擢右春坊右庶子。

十八年二月，迁国子监祭酒，召回京，十月入直南书房。

十一月，疏言："臣窃惟尧舜三代之所以为治，本非有他道也，无过教养二端而已。盖为斯民广衣食之源，则各保身家而自不致有为恶之意；为斯民正趋向之路，则各知有长上而自不敢干左到之诛。臣窃见近日州县苟有案牍不废催科数多者，即大吏皆称其贤。又其次者，惟取应对便捷行走轻利至于教养一事，则上下官吏从未闻有措意者也。南方之民患在赋重，北方之民患在徭多，一遇差徭至前，即里正胥徒签派四出。假如官需车马不过十辆，即使备有损换，亦不过再加数辆。然胥徒藉此浮拿，得钱买放常不至数十辆不止。及其既派之后，当官非不例给口粮，皆百十年来旧定章程。食物价值，今昔悬殊，本已不给于用，又经家人吏胥层层克扣，则其入手更少，不得不自备刍粮，逐日祗候，或遇乘用之人不加矜恤且并其车辆马骡而困敝之，夫此马骡车辆乃小民恃以为养生之具也，一困敝则其具坐失矣。故官吏之敛怨于民，未有如差徭之甚者也。然在州县，亦有不得不然者，何也？督抚遇应办事件不过下行两司，两司又转行府州，府州又各行其所属之州县而已。至于州县无可更诿，事事必须措办，其自一递送，一履勘，下至薪刍油烛之细，无一不需钱应用，所入廉俸，即尽支领，亦不敷延请幕友，况有多方减扣，则每日经费更何所出。故钱粮不能不额外加增，不能不民间摊派。如遇歉收之岁，该员循例报荒，则征收即须停止，日费无出，而公事壹皆束手。故非至民力殚竭、无可再征之时，必不肯轻言岁歉。彼非皆残忍性成，实势所不得已也。然小民偶有偏灾即加抚恤，则根本未伤而元气易复；乃至十室九空之日始为议及灾荒，虽复蠲赈叠施，其何及乎此，又因官贫以致民困之大概情形也。臣尝再四熟思，求一善术而不可得，得其策之下者，则惟有省事一法，即如各省大吏，无非皇上历试信任之人，其平日之才具优绌与素行贤否，无不久在圣明洞鉴之中。既已畀以一省事权，苟非举措有乖，似可无轻言更调。臣窃见，嘉庆四年以后，皇上澄叙官方，劝惩并至。近日督抚藩臬，实无不人知自爱。然于迎新送旧之时，如衙署之整理、馆舍之储待，无论其本管上司即例以宾主情谊，亦必不能尽废；及其既履任后，通省官员纷纷晋谒，事又必不可已。在该大吏，一无诛求，自以为秋毫不扰，而不知其耗费固已多矣，且此于吏治固亦无裨也。盖大吏当抵任之初，诸务尚未周知，所听者，属吏之禀白、书役之指挥而已。迨其莅事稍久，然后人才之贤否以明，风俗之浇淳以辨，方将稍有设施，而瓜代者至，则一无展布而去耳。亦有更事未深之人，才一莅事，动议更张，以此博振作之名，不知地方情形正未谙悉，见为极利而他弊已随其后，后虽自知，悔亦无及，故不如久于其任，次第图之之为得计也。其他苟无害于变通者，随事详思，可省则省，务必官有余力，然后可责以养民之政。至所谓养民者，不外孟子省刑薄敛、深耕易耨数语。于其田畴之当辟者辟之，陂堰之当复者复之，使灾祲不至屡告。即间阎渐有盖藏，由是廉耻可兴而教化可行矣。抑臣更有念者，自古图治之要，惟以任人为本，故有官阶屡迁而不改其职任者。近日科条颇似过于繁密，假如某县得一循吏，民情爱戴方殷，忽有四参被议之案，不能不立时罢斥。其接替者或又不得人，则善政旋废矣。又如地称难理，非得其人不能胜任。然其才之优者，或皆各有处分，所合例者，人仅中下，亦不能不俾之受事，是为例议所格而吏治皆不得人，似亦宜稍微变计也。"奏入报，闻寻迁詹事府詹事，充文渊阁直阁事。

十九年正月，疏言："臣窃见，皇上自御极以来，躬理万几，旰宵靡间，凡庶政庶狱，无一不审审周详，务求至当，惟恐一夫不得其所，孜孜求治之心，虽尧舜复生必无以加于此。然自嘉庆四年以至去冬，十余年中，无岁不有灾祲之书，无岁不下蠲赈之诏。去岁畿南秦豫数省荐饥，致有奸民乘机偷扰，皇上引咎责躬，叠颁谕旨，爱民之诚流于肺腑，实为天下臣民所共顶戴者。乃愆阳犹积，雪泽未沾，东南河流迄今为患。以勤恤民隐如皇上而人事尚如此者，何也？盖天以德为生，以刑为杀。其在《周易》，坎为水、为律，岁之不入、水之告灾，以类言之，皆刑狱太繁之象。兹届皇上恩祺普锡，民物更新，正宜式迓休和，以光盛治。臣伏思，承平既久，户口日滋，天地所生，不足以赡其用。于是，不肖之心生而奸诈之事起，将欲禁其奸诈而徒恃刑法以齐之，其源不清，其流必不能制也。大抵下之于上，不患其不威而患其不爱，任刑之世，无过使民畏而已。老子有言：'民不畏死，奈何以死惧之。'夫民至于不畏死之，则又何法以理之乎。汉文帝时，纲漏吞舟之鱼而吏治蒸蒸不至于奸者，民爱故也。秦人专尚法律，其勤至于衡石程书，而一夫夜呼，乱者四起，由于但使民畏故也。奸邪之人，诈伪无所不至。彼见狱词可以耸听，则多牵引其所不快者陷害之。胥吏唯利是图，明知所牵引之人未必皆有连也，而借势娶索，可以肥其奸囊，则又多方株连以困扼之。假如衣食粗足之家，一经官讼连染，虽立见昭雪而资产已荡然矣。国家设官，大小相维，各有专司，亲民之职，在于州县，大吏惟听其成而已。自数年来，开上控之端，于是刁民得逞其奸。督抚两司又畏其有内控之举，不得不遇案亲提。彼所讦诉不过一人，而牵涉常至数十，农氓废耕，商贾废业，中道奔波，受吏胥之折辱，甚至瘐死而道毙者，殆不可一言罄也。后虽处原告之人以极刑，于被诬者抑又何补？推国家慎刑之意，亦曰恐有冤抑耳。然一案未结，而事外之被累者相继，如从前马谭氏一案，至今正凶未定，指名而无辜致毙者已数十人矣。是一冤未雪，而含冤者且数十人矣。《周礼》有三宥之条，《王制》有疑狱之议。今一案至而立求定谳，则其承问之官必刑挞横加，以期得实，愚民不胜其苦，且诬伏以缓须臾之死，其中冤抑，正复多人。如此而欲感召天和，岂可得乎？顷者林清构逆，渠魁悉擒，然搜捕四出，至今未已。小人或意图见长，或因以为利，必不能无殃及无辜之事。昨奉旨严禁妄拿，仰见皇上如天之仁。臣愚以为，事案愈多则纷扰愈众，莠民易逞机谋，而良善惟增苦累。应令各省大小官吏，凡遇案牍，可早结者，酌其便宜即时速结，无多株引，以扰闾阎，庶官民上下相爱，暴乱不作而休和可致矣。至所谓养民之政，不能有外于农桑本务。臣请以大江以南言之，田亩丈尺之窄隘，既不如中原之广，岁输赋税之繁重，又不如北地之轻，然每岁漕储正供以东南一方之力，而京畿亿万生灵皆于是仰给者，无他，人尽力也。兖州以北，古称沃衍之地，河南一省，皆殷、周畿内；燕、赵之间，亦夙称富国。今则小民自翻犁播种之后，一无设施，惟束手以待雨泽之至，水至则田亩皆淹，水去又干涸立见。地成旷土，人尽惰民，安得不穷困而为盗贼哉？不知久长之计者，辄目此事为迂阔，不思岁一歉收，则必先以缓征，稍甚则加之蠲贷，又其甚者，不得不截漕发粟以赈恤之，诚令合数十年而总计其所以耗国家之币者，何可算也。且比年运河屡淤，东南之漕实亦未可深恃，若非早为之图脱，有意外之虞，又将何以处此？臣见历来州县之保荐，必首列劝课农桑，其实尽属虚谈，从无过问。又大吏奏报粮价，有市价每石昂至四五千而仅报二两内外者，其于收成，则又虚加分数，相习成风，常不以实。似宜饬令痛蠲积习，亟图裕民。但使董劝有方，行之一方而收利独饶，则不俟号令自然争起而相效，数年之后，田野皆辟，水旱有资，岂必尽资官币，然后善政为可行哉？总之，民之犯刑，由于不知率教，其不率教，则又由于衣食缺乏而廉耻不兴。其次第实如此，故养民为首务也。"

奏入，谕曰："姚文田奏请急农桑，缓刑狱，国家政在养民，农桑者天下之大本。朕亲耕，后亲蚕，躬行为天下先，诚以民生所亟。一日不再食则饥，终岁不制衣则寒。布帛菽粟，其事至恒，而所关至巨。定例考核吏治，首列劝课农桑。所以责望牧令者莫要于此。古者物土之宜，耕九余三，岁有丰歉，民无冻馁；近者膏腴之产，多以莳烟，仓廪所储，兼以酿酒。地利未尽，禁令复弛，地方偶值偏灾，虽蠲赈频施，民犹不免饥寒。本务不修，无怪乎闾阎之贫且病也。著通谕直省督抚，各饬所属府州县官，务知朝廷重农贵粟之意，以劝课农桑为亟，境内沃壤，悉令树植嘉谷，有勤于南亩者，劳之相之；其糜谷病农者，抑之惩之。地产日丰，盖藏饶裕，衣食足而廉耻兴，富教之政，其庶几乎。至除莠所以安良，刑者不得已而用之。若讼狱繁兴，株累者众，其妨于农事者甚大。著问刑官员，遇有应讯案牍，务速为剖判曲直，严惩诬枉，勿得拖累无辜，以恤民生，以厚民俗。其各实力奉行勿怠。"闰二月迁内阁学士兼礼部侍郎衔，五月充教习庶吉士。

二十年，擢兵部右侍郎。二十一年四月调礼部右侍郎，六月调户部左侍郎。二十二年三月充会试副考官，寻调右侍郎兼管钱法堂事务，七月以违例保送不胜外任之郎中钱学彬，下部议处，降二级留任。二十三年三月偕定亲王绵恩等，恭送玉牒，尊藏盛京，礼成，下部议叙。①九月，以前在礼部侍郎任内颁发科场条例恭载高宗纯皇帝庙号刊刻有误，下部议处，降四级调用。上以文田在内廷行走勤慎，且不能常川到署，加恩改为留任。二十四年四月，充殿试读卷官，九月提督江苏学政。

道光元年，大臣有陈漕务欲禁浮收不如明予八折与民便者，文田疏言："窃惟东南之大务有二，曰河，曰漕。比年海口深通，南河目前光景甚安稳，惟漕务法久弊生，虽经督抚大臣数年以来悉心调剂，总未臻实效。小民仰沐我圣祖神宗生成豢养，届今百八十年。愚贱具有天良，岂有不乐输将之理。诚以东南之财赋甲于天下，而赋额如江苏之苏州、松江，浙江之嘉兴、湖州，其粮重尤甲于天下，竟有一县额

---

① 此处有误。《清实录》"嘉庆二十三年八月"载："己巳，命定亲王绵恩、礼部右侍郎同麟、工部左侍郎德文，恭送玉牒，尊藏盛京。"（第三二册，第560页）清楚表明"恭送玉牒，尊藏盛京"之事在八月，而不是三月。公没有参加此次活动，因为他如果参加，作为侍郎，其官衔姓名应有著录。

征多于他处一省者。乾隆三十年以前，并无所谓浮收之事。是时无物不贱，官民皆裕。其后生齿愈繁而用度日绌，于是诸弊渐生，然犹不过就斛面浮取而已。未几有折扣之法，始于每石不过折耗数升，继乃至五折、六折不等。小民终岁勤动，自纳赋外竟至不敷养赡，势不能不与官吏相抗。官吏所以制民之术，其道有三：一曰抗粮，一曰包完，一曰掹交丑米。赋额既极繁重，民间拖欠亦势所必有，大约只系零星小户及贫苦之家，其坟墓、住屋皆须照例输纳。又有因灾缓征，新旧并积，因而拖欠者，是诚有之。至如其家或有数十百亩之产，既自食其田之所入，而竟置官赋于不问，实为事之所绝无。今之所谓抗粮者，如业户应完百石，既如数运仓，外多赍一二十石不等，先以淋尖、踢脚、洒散多方糜耗，是其数已不敷；再以折扣计算，如准作七折，便须再加三四十石，业户心既不甘，必至争执，不肯再交。亦有因书吏刁赖，仍将原米运回者。州县即以前二项指为抗欠，此其由也。包完之名，谓寡弱之户，其力不能与官抗，则转交强有力者代为输纳，可以不至吃亏。然官吏果甚公正，此等业户又何庸托人？可不烦言而自破者。民间终岁作苦，皆以完粮为一年要事。如运米石进仓，其一家男妇老幼无不进城守待，一遇阴雨湿露，犹将百计保护，恐至米色变伤。如官吏刻期斛收，即归家酬神祭先，以为今岁可以安乐过去。故谓其特以丑米掹交，殆非人情。惟年岁有不齐，则米色不能画一，亦间有之耳。然官吏非执此三者，则不能制人，故生监则详请暂革，齐民则辄先拘禁，待其补交，然后以悔悟请释，已竟成一定不移之办法。臣自去岁至苏，所闻金坛、吴江等县，则已酿成事端，其他将就了结者，殆尚不乏不知踊跃输将者，实皆良民，而非莠民。此小民不能上达之实情也。然在州县亦有不能不如此者。近年诸物昂贵，所得廉俸、公项即能支领，断不敷用。州县自开仓讫兑运日止，其修整仓廒芦席、竹木、板片、绳索、油烛百需，及幕友、家人、书役、出纳、巡防，一应修饭工食，费已不资，加以运丁需索津贴，日甚一日。至其署中公用，自延请幕友而外，无论大小公事，一到即须出钱料理。又如办一徒罪之犯，自初详至结案，约需费至百数十金。案愈大则费愈多。复有递解人犯，运送粮鞘，事事皆需费用。若将借用民力，概行禁止，谨厚者奉身而退，其贪婪者非向词讼事案生发不可，而吏治更不可问矣。伊等熟思他弊，一破势必获咎愈重，不如浮收为上下皆知，故甘受民怨而不惜。虽地方有瘠沃，才具有能否，其借此以肥身家者，亦不能谓其必无要之，不得已而为此，盖亦不少。臣见近日言事者，动称'不肖州县'。窃思州县亦人耳，何至一行作吏，便至行同苟贱？此又州县不能上达之实情也。州县受掊克之名，而运丁阴受其益，故每言及运丁，无不切齿。然其中亦有不能不然者。运船终岁行走，日用必较家居倍增。从前运道深通，督漕诸臣只求重运，如期到通，一切并不苛察，各丁于开运时多带南物，至通售卖，复易北货，沿途销售，即水手人等携带梨、枣、蔬菜之类，亦为归帮时糊口之需。乾隆五十年后，黄河屡经倒灌，未免运道受害，于是漕臣等虑其船重难行，不能不严禁多带货物。又如从前商力充裕，运船于回空过淮时，往往私带盐斤，众意以每年只不过一次，不甚穷搜。近因商力亦绌，未免算及琐屑，而各丁之出息尽矣。丁力既已日困，加以运道日浅，反增添夫拔浅各费，且所过紧要闸坝，牵挽动需数百人。使用小有节省，帮船即虑受伤，道路既长，期限复迫，此项巨费非出之州县，更无所出。此又运丁不能上达之实情也。数年前，因津贴日增，于是定例每船只准给银三百两。然运丁实不济用，则重船断不能开，重船迟久不开，则州县必获重戾，故仍不免私自增给，是所谓三百两者乃虚名耳。顷又以浮收过甚，严禁收漕不得过八折。然州县入不敷出，则强者不敢与较，弱者仍肆朘削，是所谓八折者亦虚名耳。然民间执词抗官，官必设法钳制，而事端因以滋生，皆出于民心之所不服。若将此不靖之民尽法惩治，则既困浮收，复陷法网，人心恐愈不平。若一味姑容隐忍，则小民开犯上之风，将致不必收漕，而亦目无官长。其于纪纲法度，所关实为匪细。"疏入，上命军机大臣会同户部议奏。上谕曰："前据姚文田奏'漕务法久弊生，小民苦州县之浮收，州县患旗丁之勒索，而旗丁又因沿途需费浩繁，势必多索津贴，恐所定津贴旗丁每船银三百两，及现在严禁州县收漕不得过八折，亦属虚名，请筹议兼全善术'等语。当降旨令军机大臣会同户部议奏。今据覆奏，运丁之疲乏，屡经筹给津贴，毋庸再议。惟州县浮收，积习难返，致累闾阎，必任法而兼任人，方能遵行无弊。著各该督抚及漕运总督、仓场侍郎，通饬所属，杜绝浮收勒折以清其源，裁革陋规以遏其流。倘有不肖州县阳奉阴违，立即参办。或运丁勒索州县，沿途衙门勒索旗丁，一并从严究治，务使官民旗丁均免扰累，以肃漕政。"

二年，任满回京，上以户部堂官在内廷行走者较多，命文田回署办事，不必在南书房行走。三年，充经筵讲官。四年七月，擢都察院左都御史，十二月，赐紫禁城骑马。五年充顺天乡试副考官，六月署工部尚书。七年七月，擢礼部尚书，十月卒。谕曰："姚文田于嘉庆年间由修撰洊陟卿班，入直南书房，晋阶卿贰。朕御极后，擢任左都御史，本年复授礼部尚书，久直内廷，历司部务，清勤敬慎，恪尽职守，方期益资委任，乃遘疾，数日即尔奄逝，闻之殊堪轸惜。著照尚书例赐恤，任内所有处分，悉予开复，应得恤典，该部察例具奏。"寻赐祭葬，予谥"文僖"。子晏，二品荫生，刑部主事。

附录二：文僖公传

附录三：姚文田主要著作书目

1.《学易讨源》一卷，成书于嘉庆六年（1801）。收入《四库未收书辑刊》一辑·二册。

2.《说文声系》十四卷末一卷，成书于嘉庆九年（1804）广东学政任上，上海图书馆、国家图书馆有藏。有咸丰五年（1855）刻本，收入"粤雅堂丛书"，上海图书馆有藏。光绪七年（1881）由姚觐元重新刊印。

3. 嘉庆《重修扬州府志》七十二卷首一卷，阿克当阿修，姚文田等纂，嘉庆十五年（1810）刊印，国家图书馆有藏。

4.《广陵事略》七卷，姚文田辑，嘉庆十七年（1812）开封节院刊印，上海图书馆有藏。《续修四库全书》辑入史部地理类第六百九十九册。

5.《四声易知录》四卷附《文字偏旁举略》一卷，有嘉庆十七年（1812）归安姚氏刻本、清道光十年（1830）粤东芸香堂刻本、咸丰同治年间刻本。

6.《说文校议》十五卷，与严可均合撰，有孙氏冶城山馆嘉庆二十三年（1818）、同治十三年（1874）归安姚氏刻本。

7. 《求是斋自订稿》，不分卷，嘉庆年间刊印，现藏复旦大学图书馆。

8. 《邃雅堂集》十卷，道光元年（1821）澄江学使者署刻本，国家图书馆有藏。

9. 《姚文田全集》三十四册，道光元年（1821）归安姚氏刊本，福建师范大学图书馆有藏。

10. 《四书琐语》一卷，道光七年（1827）收入归安姚氏家刻本《邃雅堂学古录》，国家图书馆有藏。

11. 《春秋经传朔闰表》二卷，同上。

12. 《颛顼历术》，同上。

13. 《夏殷历章蔀合表》，同上。

14. 《周初年月日岁星考》，同上。

15. 《汉初年月日表》，同上。

16. 《民间居家必备方》（又名《难产神验良方》）一卷，辑，道光八年（1828）刊印，国家图书馆有藏。

17. 《邃雅堂文集续编》一卷，道光八年（1828）刻本，国家图书馆和上海图书馆有藏，收入《续修四库全书》。

18. 《姚氏地理辨正图》，道光二十年（1840）刻本，2010年香港心一堂有限公司影印。

19. 《古音谐》八卷首一卷，道光二十五年（1845）刻本，上海图书馆有藏。

20. 《归安姚方伯传略》一卷，有清道光年间刻本，国家图书馆有藏。

21. 《阳宅辟谬》一卷，署名"梅漪老人"，国家图书馆藏有1913年据清同治光绪年间真州张氏《榕园丛书》本重修本，又辑入《丛书集成初编》第九百八十九册。

22.《历代建元重号》一卷，有道光二年（1822）刻本、咸丰六年（1856）汉阳叶氏刻本，吉林大学图书馆有藏；清同治十年（1871）年安徽藩署敬义斋刻本，辑入"半亩园丛书"，国家图书馆有藏。

23.《说文解字考异》十五卷，稿本，与严可均合撰，藏国家图书馆。

24.《秋农诗草》一卷，稿本，藏苏州市图书馆。

25.《姚秋农文稿》一卷，稿本，藏复旦大学图书馆。

26.《说文字句异同录》不分卷二册，稿本，藏国家图书馆。

附录四：姚文田部分存世书法作品一览表

序号	内容	书体	形式	馆藏信息或资料来源
1	御制诗八首	楷书	册页	台北故宫博物院藏，https://www.sohu.com/a/682551136_121124384
2	萝月调琴松风握尘，蕉雪悟画竹雨裁诗	行书	对联	https://www.163.com/dy/article/DIE6OJ840516PEQK.html
3	《御制秘殿珠林石渠宝笈三编序》	楷书	序文	https://www.163.com/dy/article/DAPA3HUL0514906C.html
4	或在东坡前捕曰……	行书	条屏	湖州市博物馆藏
5	《北山移文》	楷书	册页	http://news.sohu.com/a/739465527_121124384
6	笔锋雄健千人敌，谈阵风流四座倾	楷书	对联	https://www.sohu.com/a/136606806_262374
7	澜亭深沉意，月朗澹荡襟	行书	对联	https://www.sohu.com/a/136606806_262374
8	假令薄解草书……	行书	扇面	https://auction.artron.net/paimai-art5032570059
9	摩天黄鹄有奇翼，拔地苍松多劲枝	行书	对联	https://www.sohu.com/a/555186824_121124806

序号	内容	书体	形式	馆藏信息或资料来源
10	遇如春草芟难尽，学似秋云积不多	楷书	对联	国家图书馆藏
11	碧云怀旧侣，明月定前身	楷书	对联	同上
12	濂溪遗址	榜书	匾额	同上
13	钓矶	榜书	刻石	同上
14	古人以水喻性	楷书	扇面	https://www.163.com/dy/article/DIE6OJ840516PEQK.html
15	御题名绘辑珍	楷书	册页	台北故宫博物院藏，https://www.sohu.com/a/683241030_121124384
16	品峻山崇守廉冰洁，德涵玉润智美珠圆	行书	对联	https://auction.artron.net/paimai-art5097660131/
17	深院抄书桐叶雨，曲栏联句藕花风	行书	对联	https://auction.artron.net/paimai-art71190305
18	御题倪瓒自书诗稿	楷书	册页	台北故宫博物院藏，https://www.sohu.com/a/752654157_121124384
19	吾家旧宅……	楷书	立轴	https://auction.artron.net/paimai-art0072863879/
20	平原书法工无敌，太史文章洁有余	楷书	对联	沈阳故宫博物院藏，https://www.yac8.com/news/15041.html

参考文献

1. 清史稿[M]. 北京：中华书局，1998.

2. 姚文田. 邃雅堂集[M]. 刻本. 江阴：澄江学使者署，1821（清道光元年）.

3. 姚文田. 邃雅堂文集续编[M]. 刻本. ［出版地不详］：［出版者不详］，1828（清道光八年）.

4. 姚文田. 邃雅堂学古录[M]. 刻本. ［出版地不详］：［出版者不详］，1827（清道光七年）.

5. 清实录：第二七册：高宗实录（十九）[M]. 北京：中华书局，1986.

6. 清实录：第二八册：仁宗实录（一）[M]. 北京：中华书局，1986.

7. 清实录：第二九册：仁宗实录（二）[M]. 北京：中华书局，1986.

8. 清实录：第三〇册：仁宗实录（三）[M]. 北京：中华书局，1986.

9. 宗源瀚，周学濬. 湖州府志[M] // 中国方志丛书：华中地方浙江省第1期. 清同治十三年刊本. 台北：成文出版社有限公司，1970.

10. 李昱，陆心源，丁宝书，等. 归安县志[M] // 中国方志丛书：华中地方浙江省第1期. 清光绪二年刊本. 台北：成文出版社有限公司，1970.

11. 沈文泉. 湖州名人志[M]. 杭州：杭州出版社，2009.

12. 沈文泉. 湖州进士名录[M]. 杭州：浙江古籍出版社，2016.

13. 姚氏家乘[M]. 刻本.［出版地不详］:［出版者不详］，1897（清光绪二十三年）.

14. 严可均. 严可均集[M]. 孙宝，点校. 杭州：浙江古籍出版社，2013.

15. 李维新. 天下第一策：历代状元殿试对策观止[M]. 郑州：中州古籍出版社，1998.

16. 王增清. 湖州文献考索[M]. 北京：社会科学文献出版社，2015.

17. 李士彪，吴雨晴. 辑佚大家：严可均传[M]. 杭州：浙江人民出版社，2008.

18. 姚文田. 说文解字考异[M]. 南京：凤凰出版社，2021.

19. 陈芳. 姚文田古音学研究[D]. 福州：福建师范大学，2004.

20. 费仁学. 清朝状元姚文田与菱湖[N]. 湖州日报，2023-05-12（8）.

21. 沈琰. 两座姚文田墓小考[EB/OL].（2023-04-12）［2024-05-09］. http://www.360doc.com/content/23/0412/13/82110264_1076183473. shtml.

22. 廖善维. 张鹏展年谱简编[J]. 桂学研究，2021（0）：28-57.

后　记

姚文田是湖州历史上十位状元中学术成就最大、官位最高的一位，没有之一，然而，人们包括湖州人对他的了解仅仅停留在简介和民间传说的层面。这与他的历史地位是极不相称的。

我对姚文田的研究大约始于2007年，研究成果成为2009年11月出版的《湖州名人志》的一部分。在这部人物志中，我介绍了姚文田和他的祖先姚舜牧、姚延启、姚延著、姚延儒、姚淳焘、姚淳起、姚淳恪，他的长子姚晏、次子姚衡、孙子姚觐元和姚凯元、曾孙姚慰祖等。十年前，我具体负责湖州钮氏状元厅的布展，开展湖州历代进士的研究时，对姚文田做了科举视野下的研究。在2016年10月出版的《湖州进士名录》中，我介绍了姚文田和他家族中的姚延著、姚延启、姚淳焘等进士。

2022年，我在湖州市南浔区善琏镇和平村创建了湖州市作家协会的第一个"文学乡建基地"，随后在那里组织开展了一系列的文学活动。和平村的村民多数姓姚，因为村上保存着一对旗杆石，流传着一些关于姚文田的故事，传承着姚氏家风家训，所以和平村自称"状元故里"，建立了"状元书屋"，近年来每年秋季举办丰收节，祭祀姚文田。然而，姚文田的出生地是否在和平村，当时尚无定论。

因为和平村的姚松泉先生——湖州市作协和平村"文学乡建基地"的负责人从北京的族亲那里弄来了一套《姚氏家乘》和一套《说文解字考异》，我决定对姚文田进行深入的研究。后来，吴兴郡姚氏文化研究会会长吴建国又发给我姚文田诗文集《邃雅堂集》及《邃雅堂文集续编》的电子版，于是，我决定为姚文田编写一部年谱。

《清状元姚文田年谱》的编写工作始于 2023 年 5 月 12 日，毕于 2024 年 5 月 7 日，耗时一年差五天。研究表明，姚文田的出生地不是善琏镇和平村，而是湖州月河街道的乌盆巷。这让我觉得挺对不起和平村的人们，尤其是那位对姚文田充满了崇敬之情的村支部书记宇惠芳，他们以后不能再打"状元故里"的金名片了。然而，学术是严谨的、严肃的，没有办法通融。

在这将近一年的写作过程中，我得到很多朋友的帮助，很是感谢。特别感谢南京图书馆副馆长陈立女士，她安排扫描了该馆珍藏的姚文田《邃雅堂学古录》七卷，并发给了我。而我与陈馆长的结识，有赖于南京作家张国擎、刘德进和南京市湖州商会会长马美荣、南京大学华智全球治理研究院副院长吴新华的牵线搭桥。此外，无锡的袁灿兴博士提供了查找中国第一历史档案馆馆藏姚文田档案的路径，上海书法家余仁杰为本书题写了书名，湖州市南浔区菱湖镇的李惠民先生提供了姚文田墓的具体位置和墓前石兽的照片，在此一并表示衷心的感谢。

由于本人学术水平和所掌握的资料有限，本书错漏之处在所难免，敬请读者诸君批评指正。

2024 年 5 月 8 日于湖州韵海楼